빔으로 피어나는 영혼의 상담

박성희 저

학지사

머리말

 '문제'가 없는 삶은 좋은 삶이다.

 그러나 주어진 온갖 것들을 유감없이 풍요롭게 '누리는' 삶은 더 좋은 삶이다.

 상담에 입문해서 40여 년 나와 사람들의 '문제'와 씨름하다 보니 결국 '누림'에 눈을 뜨게 되었고, 그 누림이 삶의 본질과 직결되었다는 사실을 알아차리게 되었다.

 없음에서 있음으로, 그리고 있음에서 없음으로 이어지는 우리네 삶은 있음과 없음이 절묘하게 어우러질 때 가장 멋지고 가장 아름답게 꽃필 수 있다. 그래서 있음에 가려져 있지만 있음의 뿌리이면서 쉼 없이 그 움직임을 지원하는 없음을 제대로 알고 그에 젖어드는 일은 우리 삶의 목표요 희망이다.

 이 책은 상담 글로 시작되었으나 결국 인생 글로 뒤바뀌게 되었다. '나는 누구인가'에 대한 존재론적 물음을 던져 나의 정체를 확인한 다음, 진짜 나답게 살아가는 원리와 전략을 탐색하였다. 이 과정에서 누구에게나 열려 있지만 '비밀스런 지혜'가 되어 버린 동·서양 사상의 정수가 다루어지고, 상담학도로서 살아오면서 필자 나름대로 얻은 삶에 대한 통찰과 체험이 모습을 드러내게 되었다. '조금만 더 일찍' 했으면 좋았을 것이라는 아쉬움이 남지만 지금이나마 이런 글을 쓸 수 있게 되어서 정말 기쁘다.

이 글 역시 거인들의 어깨를 빌려서 탄생되었다. 나에게 영향을 준 많은 거인 중 특히 다음의 세 분은 반드시 기록해야 한다는 의무감을 느낀다. 원효, 유영모, 윤홍식이 그분들이다. 원효의 '한마음'으로부터 있음과 없음이 하나라는 깨달음을 얻었고, 다석 유영모의 '없이 계신 하나님'을 통해 있음과 없음을 아우르는 삶의 원리에 대한 확신을 얻었고, 윤홍식의 유튜브 고전 강좌를 통해 있음과 없음에 대한 필자의 생각과 인류의 스승으로 추앙받는 인생 선배들의 관점이 크게 다르지 않다는 사실을 알게 되었다. 이 책에 등장하는 있음과 없음을 조화시키며 풍요롭게 살아가는 다양한 원리와 전략은 이들의 말과 글에서 얻은 바가 많다.

누군가는 이 책을 동양상담을 다룬 글이라고 말할 것이다. 맞는 말이다. 아마도 이 책처럼 동양 사상을 종합적으로 상담에 담으려고 한 시도는 없을 것이다. 최근 유행하는 마음챙김상담, 수용전념치료 등이 동양적 사유방식을 부분적으로 상담에 채용하고 있기는 하지만, 그 치유와 성장의 효과가 비롯되는 지점을 명쾌하게 밝히지 않는다. 동양 사상은 이 지점을 정확하게 드러낼 뿐 아니라 상담에서는 아직 언급되지 않은 다양한 원리와 전략을 제공하고 있다. 이들을 상담 틀에 담으려고 했다는 점에서 이 책은 동양상담을 다룬 글이 맞다. 그럼에도 2장에서 징검다리 삼아 서양상담의 실제, 한계와 대안을 잠깐 언급하였다. 서양상담의 패러다임 안에서 개발된 상담이론과 전략들이 지향하는 큰 목표와 방법을 압축하여 설명하고, 이를 안고 넘어서는 대안을 제시한 것이다. 그런데 3장부터 시작되는 그 대안은 단순히 서양상담과 마주 서 있는 동양상담이 아니라 동·서양을 아우르며 인류가 얻은 삶에 대한 지혜와 통찰을 함께 묶어 낸 영혼의 상담이라고 감히 말할 수 있다. 한 걸음 더 나아가면 이 글은 상담에 한정되지 않고 모든 사람의 일상적인 삶 전체에 적용될 수 있는 살림살이 글이기도 하다. 앞에서 상담 글이 아니라 인생 글이라고 한 이유도 여기에 있다.

이 책의 내용들 중 서로 중복되거나 충돌되는 부분들이 있을 수 있다. 중복은 동일한 내용을 설명하는 표현방식의 차이에서, 충돌은 내용이 논의되는 맥락과 차원의 차이에서 비롯된다고 이해하면 좋을 듯하다. 필자는 '없음'과 '빔'이 시대, 문화, 사람, 종교, 사상에 따라 그렇게 다채롭게 표현될 수 있다는 데에 무척 놀랐다. 그러나 그보다 더 놀라웠던 것은 그렇게 다채로운 언어가 결국 하나를 가리키고 있다는 사실이다. 진리는 하나라는 옛말이 결코 헛말이 아님을 실감한다.

이 책에서 소개된 많은 방법과 전략은 과학적 탐구를 통해 실제 활용도를 높여 가야 할 것이다. 더러는 프로그램으로, 더러는 실천 지침으로 자리를 잡아 가야 할 것이다. 그러나 이 글에 등장하는 기본 원리들은 이미 인류가 수천 년 동안 실험하여 검증을 완성한 내용들이다. 여기에다 '과학적 잣대'를 들이대는 일은 손으로 허공을 움켜쥐려는 어처구니없는 짓일 따름이다. 미국심리학회지에 실린 논문의 99%는 쓰레기라는 어느 학자의 일갈에 귀를 기울이며, 정말 의미 있고 알찬 과학적 탐구들이 이어져서 이 책의 내용이 사람들의 실제 생활을 풍요롭게 가꾸는 삶의 도구로 확산되기를 기대한다.

읽는 이들에게 생소할 수 있는 몸나, 맘나, 얼나, 제나, 솟나라는 용어들은 다석 유영모 선생에게서 가져온 것임을 밝혀 둔다. 글의 내용 중 '전략'과 '활동' 부분에 말줄임표를 남겨 놓은 것은 여기에 소개된 것 이외에도 많은 전략과 활동이 추가될 수 있음을 표시한 것이다. 독자 여러분 스스로 실용성이 뛰어난 좋은 전략들을 풍성하게 발굴하여 활용하기를 기대한다.

내용을 음미하며 생각할 수 있게 좋은 그림을 그려 준 배선영 님, 깔끔하고 보기 좋게 편집 작업을 해 준 정은혜 님, 그리고 책의 출판을 지원해 준 학지사 김진환 대표님께 감사의 인사를 드린다.

박성희

차례

얼나 따르기: 빔의 기능적 활용 ······ 165

I 나는 누구인가?

I 나는 누구인가?

✿ 경허선사의 유명한 일화

고갯마루 아래 넓은 잔디밭에서 나무꾼 아이들이 무리를 지어 한창 장난을 하고 있었다. 새끼로 뭉친 공을 막대기로 때려 서로 금 밖으로 내모는 원시적인 하키 경기 같은 '장치기' 놀이였다. 경허는 발걸음을 멈추고 아이들에게 말을 걸었다.

"얘 너희, 나를 아니."

"모릅니더." 하고 아이들이 대답했다.

"그러면 내가 보이기는 하니."

"예, 보입니더."

"나를 알지도 못하는데 어찌 내가 보이기는 하는고……."

경허는 중얼거리면서 손에 든 지팡이를 들어 아이들에게 주며 말했다.

"너희가 만일 이 지팡이로 말이다. 나를 때리기만 하면, 내가 대신 과자 사먹을 돈을 많이 주겠다. 어디 한 번 힘껏 때려 보아라."

아이들은 이상한 말을 하는 스님이라고 생각하며 얼른 나서려고 하지 않았다. 그런데 그중에 한 영특한 애가 한 걸음 다가서며 물었다.

"정말입니꺼."

"그럼 정말이지."

아이는 마침내 지팡이를 받아가지고 공을 때리듯 경허를 힘껏 때렸다. 한 대를 얻어맞은 경허는 말했다.

"나를 때려."

아이는 또 때렸다. 그런데 경허는 엉뚱한 말을 했다.

"왜 나를 때리지 않니. 네가 나를 때리기만 하면 부처도 때리고, 조사도 때리고, 모든 세계의 모든 부처와 역대의 조사부터 천하의 노화상을 한 대로 때려치울 수 있을 텐데 말이다."

때리던 아이는 실망한 듯 대들었다.

"에헤, 때렸는데도 안 때렸다 하시네. 스님이 돈을 안 주고 가실락하시는 거 아닙니꺼."

경허는 그 아이에게 돈을 꺼내 주고 나서 홀로 읊조렸다.

"온 세상이 흐릿한데 나 혼자 깨어 있나니 숲속에 숨어 남은 생애를 지내느니만 같지 못하다."

출처: 이홍우(1996). pp. 236-237.

아이는 스님을 때리고, 스님은 맞고 있음이 틀림없는 상황이다. 그런데 분명히 얻어맞고 있으면서도 자기를 때리지 못한다고 아이를 타박하는 스님. 왜 그럴까? 필자는 이 대답을 스님이 말하는 '나'는 보통 우리가 아는 '나'와 다르다는 데서 찾을 수 있다고 본다. 같은 '나'라고 불려도 '나'의 내용은 전혀 다른 것일 수 있다. 일단 경허 스님의 '나'가 몸으로 된 '나(몸나)'가 아닌 것은 분명하다. 물리적으로 몸나는 아이의 매를 흠뻑 두들겨 맞고 있다. 그렇다면 이 '나'는 마음으로 된 '나(맘나)'를 말하는 것일까? 그것도 아닌 것 같다. 맘나라면 생각, 감정, 의지, 행동, 인식 등으로 구성된 '나'를 말하는 것일 텐데, 통증을 전혀 아랑곳하지 않는 마음이라는 것은 도대체 있을 수 없기 때문이다. 그렇다면 이 '나'는 무엇을 말하는 것일까?

성경에 "나는 길이요, 진리요, 생명이니 나로 말미암지 않고서는 아버지께로 올 자가 없느니라."는 구절이 있다. 여기서 예수가 말하는 '나'는 밥 먹고 배설하는 몸으로의 예수도 아니요, 사상가로서의 예수도 아니다. 이 '나'는 예수의 내면 깊숙한 곳에서 예수를 움직이는 절대적인 무엇인가를 지칭한다. 이것을 우리는 이름하여 신성, 또는 얼나, 참나, 대아라고 한다. 그러니까 예수가 말하는 '나'는 예수 안에 신성으로 깃든 나, 즉 얼나를 뜻한다. 이렇게 풀면, 자신이 길이요, 진리요, 생명이라고 외친 예수의 오만방자한 선포가 비로소 이해된다. 자신에게 내재하는 신성이라는 통로를 통해 신에게 간다는 말은 지극히 당연한 것이기 때문이다.

석가모니가 태어나자 일곱 걸음을 걷고 나서 외쳤다는 '천상천하 유아독존(天上天下唯我獨尊)!'도 같은 맥락에서 이해할 수 있다. '세상에서 오로지 나만이 홀로 귀하다'고 할 때 그 '나'가 우리 모두에게 공통으로 존재하는 얼나, 참나를 말하는 것이라고 하면 이는 지당한 말씀일 따름이다.

그리고 보면 곳곳에서 우리 속에 얼나, 참나가 있다는 주장을 만날 수 있다. 우리 머릿골에 신성이 내려와 있다는 『삼일신고』를 비롯하여 거의 모든 고전들에서 얼나를 말하고 있다. 동양 고전에서 말하는 도와 덕을 모두 얼나, 참나로 바꿔서 읽어 보라. 그 의미가 분명해지고 아주 쉽게 이해가 될 것이다. 『우파니샤드(Upaniṣad)』『바가바드기타(Bhagavad Gītā)』에 나오는 아트만(ātman), 브라만(Brahman)도 모두 얼나, 참나로 바꿀 수 있는 용어들이다. 깨달음, 자기성찰, 인간다운 삶을 강조하는 거의 모든 자료들이 얼나에 초점을 맞추고 있음은 주목할 만한 점이다.

절대자 또는 신을 만나 혁명적으로 인생을 뒤바꾼 사람들의 고백에서도 한결같이 자신 속에 있는 얼나와의 만남을 발견할 수 있다. 우리가 무엇을 보려면 우리 안에 그 대상을 볼 수 있는 장치가 있어야 하고, 그 대상은 우리 눈에 감각될 수 있는 특성을 갖추고 있어야 한다. 장님은 대상이 있어도 보지 못하고, 눈을 가진 사람이라도 시력 범위 밖의 대상을 보지 못한다. 시각뿐 아니라 다른 모든 감각도 마찬가지다. 동일한 원리로 우리가 신성을 느끼고 접촉하려면 우리 안에 신성이 있어야 한다. 우리 내부에 신성, 아니면 최소한 신성을 받아들일 무엇인가가 준비되어 있을 때에 외부의 신성이 비로소 체험될 수 있다. 신성을 받아들일 수 있는 우리 안의 장치, 그것이 바로 얼나다. 그러므로 신을 만났다는 모든 고백은 얼나를 통해서 신을 접촉했다는 고백이며, 따라서 자신 속에 있는 얼나의 존재를 체험했다는 고백이기도 하다.

✪ 얼나를 간직한 존재의 모습

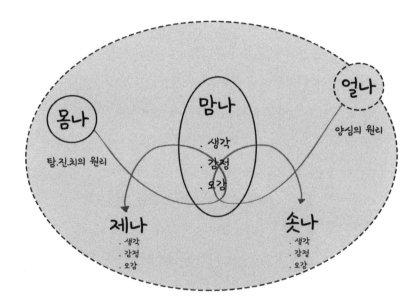

그림은 크게 세 부분으로 우리 존재를 나누고 있다.

첫째 부분은 몸으로 구성된 몸나다. 몸나는 우리가 부모로부터 받은 신체발부 전체를 말한다. 그러니까 머리부터 발끝까지, 피부부터 내장까지, 경락과 경락에 흐르는 기까지 그리고 외모와 신체적 특징 모두를 일컫는다. 몸은 기본적으로 몸으로 받은 생명을 보존하고 유지하려고 한다. 그리하여 욕망하는 바를 추구하고 충족시키기 위하여 끊임없이 움직인다. 불교에서 말하는 탐 · 진 · 치의 원리가 몸나를 움직이는 기본 원리다.

둘째 부분은 마음으로 구성된 맘나다. 마음을 좀 더 자세히 나누면 생각, 감정, 의지, 행동, 지각과 인식으로 나눌 수 있다. 이 다섯 가지는 마음의 기능과 작용을 뜻한다. 여기에 무엇이 담기는가는 마음이 무엇을 따르느냐, 다시 말하면 의식의 초점을 어디에 두느냐에 달려 있다. 몸나를 따르면 탐·진·치와 관련된 내용이, 얼나를 따르면 양심과 관련된 내용이 담기게 된다. 따라서 맘나는 몸나와 얼나가 치열하게 격돌하는 일종의 전쟁터라고 말할 수 있다. 다석 유영모는 몸나와 몸나를 따르는 맘나를 합쳐서 제나라고 불렀다.

셋째 부분은 영 또는 신성으로 구성된 얼나다. 얼나는 우리 존재의 근거가 되는 것으로서 우리 마음으로는 알 수 없는 신비로운 것이다. 실체가 없는 것이기 때문에 흔히 무(無), 없음, 빔, 공(空)으로 표현된다. 그럼에도 원래 없었던 우리를 있음의 세계로 들어오게 했고, 또 있음에서 없음으로 다시 우리를 돌아가게 할 존재의 근원이자 고향이다. 얼나에게 실체가 없다고 해서 기능과 작용이 없는 것은 아니다. 얼나에는 창조와 성장의 넘치는 에너지가 담겨 있다. 얼나가 드러날 때는 양심의 원리가 작동한다. 유교에서는 인·의·예·지·신의 오상을, 불교에서는 보시·지계·인욕·정진·선정·정정진 등의 육바라밀을 얼나의 작동 원리로 제시한다. 얼나와 얼나를 따르는 맘나를 합쳐서 솟나라고 부를 수 있다.

✿ '나'의 정체에 대한 해명

'나'에게 얼나가 포함되어 있을 뿐 아니라 얼나가 내 존재의 근원이라고 한다면, 도대체 지금까지 내가 '나'라고 인식해 온 그것의 정체는 무엇일까? 한마디로 그것은 몸나와 맘나에 한정되는 것이었다. 다른 사람과 분리된 몸으로서의 '나', 그리고 그 안에서 일정한 원리에 따라 돌아가는 듯한 마음으로서의 '나'가 바로 그 내용이다. 그래서 우리는 별 의심 없이 몸나와 맘나를 '나'라고 받아들이고 산다. 이렇게 된 데에는 막연하나마 우리 내부에서 끊임없이 흐르는 내가 있다는 존재감이 큰 역할을 하는 것 같다. 얼나로부터 올라오는 '나'라는 존재감 말이다. 이 '나'라는 존재감이 손쉽게 끌어당길 수 있는 몸과 마음에 자신을 동일시함으로써 구체적인 형태로 '나'라는 자의식을 구성한다. 그리하여 일단 몸과 마음을 중심으로 '나' 의식이 형성되면 마치 그것이 진짜 나이고 나의 전부인 양 인식하고 살아간다. 그러나 앞에 열거한 여러 사실들이 증명하는 것처럼 이런 나는 진짜 나가 아님이 분명하다. 몸나와 맘나가 진짜 '나'가 아니라는 사실을 드러내기 위해 흔히 활용되는 몇 가지 논리를 살펴보자.

첫째, 몸나와 맘나, 즉 제나는 다른 '나'에 의해 대상화되고 관찰된다. 제나가 나의 전부라면 제나에서 일어나는 일들에 대해 느끼고 알아차리는 또 다른 '나'가 없어야 한다. 그런데 몸이 아플 때 '내 몸이 아프다'고 느끼고 알아차리는 '나'가 있다. 어떤 생각을 머리에 떠올릴 때 '내가 이런 생각을 하고 있다'고 인식하는 '나'가 있다. 감정, 의지, 행동도 마찬가지다. 그렇다면 몸과 마음에 일어나는 일과

별도로 이를 느끼고 지각하고 알아차리는 '나'가 있다는 것인데, 이 '나'는 제나의 범위 밖에 있기 때문에 도저히 제나로 설명이 되지 않는다. 그러므로 자기의 제나에서 일어나는 일, 즉 몸, 생각, 감정, 의지, 행동으로 나타나고 진행되는 일들로 '나'를 규정하고 한정하는 일은 착각이며 왜곡이다.

둘째, 몸나와 맘나, 즉 제나는 나의 뜻대로 변형시키거나 조작할 수가 없다. 그것이 무엇이든 나의 것, 즉 나에게 소속된 나의 소유물이라면 원칙적으로 내 뜻대로 할 수 있어야 한다. 그런데 '나'라고 동일시되는 몸, 생각, 감정, 의지, 행동들은 도대체 내 뜻대로 움직일 수가 없다. 내 원함과 상관없이 몸은 몸의 법칙을 따라, 생각은 생각의 법칙을 따라 자기 길을 갈 뿐이다. 감정, 의지, 행동도 마찬가지다. 얼핏 보면 내가 내 몸을 통제하고 관리하는 것 같아도 내 몸에서 일어나는 사건의 대부분은 나에게 의식도 되지 않은 채 저절로 일어난다. 하루 만에 바뀐다는 체세포의 수가 그렇고, 생로병사를 거치는 몸의 생장과정이 그렇다.

생각도 마찬가지다. 내가 생각을 하는 것 같아도 일단 생각의 흐름이 시작되면 생각은 자기 논리를 따라 끝없이 이어진다. 이를 의식하고 억지로 개입하지 않는 한 생각의 수레바퀴는 멈출 줄 모르고 이어진다. 불가에서는 1/75초를 찰나라고 하고, 1 찰나에 생각 하나가 일어난다고 하는데, 이런 식이면 1초에 떠오르는 생각은 무려 75개나 된다. 이는 생각이 통제 범위 밖에 있음을 비유적으로 잘 설명해 주는 것이다. 감정은 또 어떤가. 만일 감정을 자기 마음대로 조절할 수 있다면 우리 인류는 고통, 슬픔, 상실감 등의 부정적 감정으로부터 완전한 해방을 누릴 것이다. 그러므로 몸, 생각, 감정, 의지, 행동 등의 제나를 '나'로 동일시한다면 이 역시 무지와 어리석음의 결과라고 말할 수밖에 없다.

셋째, 제나는 인연을 따라 생겼다가 인연을 따라 사라지는 관계 의존적인 것으로서 그것 나름의 고정 불변한 실체가 아니다. 우리가 실체라고 생각하는 모든 것들은 사실상 그것 자체로 존재하지 않고 항상 다른 것들과의 관계 속에서 일시적으로 구성되는 것일 따름이다. '자동차'가 실체로 존재하는 것이 아니라 자동차를 구성하는 무수히 많은 부품들의 관계적 집합체에 불과한 것처럼, '몸'도 몸이라는 고정 불변의 실체가 따로 있는 것이 아니라 몸을 구성하는 무수히 많은 요소들의 유기적 연관체에 불과하다. 몸을 구성하는 요소도 마찬가지다. '눈'이 따로 있는 것이 아니라 눈을 구성하는 다양한 요소들이 기능적인 관계를 유지하며 존재하는 것이 눈일 따름이다. 눈을 구성하는 요소들이 없다면 눈도 없다.

생각도 마찬가지다. 지금 내 뇌리에 떠오르는 생각은 이전의 생각들을 기반으로 일어날 뿐 아니라 다른 생각들에게 금방 자리를 내어 주고 사라진다. 다른 생각들과 무관하게 영원히 그것 자체로 존재하는 생각은 없다. 감정, 의지, 행동도 마찬가지다. 제나에 포함되는 모든 것들이 이렇게 관계 의존적이며 동시에 일시적이다. 세상의 모든 존재는 그것 나름의 고유한 존재성 없이 존재하다가 때가 되면 사라질 따름이다. 이렇게 자세히 살피면 제나를 실체의 '나'로 받아들일 근거는 그 어디에도 없다.

이렇게 조금만 깊이 생각해도 '나'라고 여기며 살아온 것이 진짜

'나'가 아니라는 사실을 쉽게 알아차릴 수 있지만 사람들은 특별한 의심 없이 그냥 그것을 '나'라고 여기며 살아간다. 행복하고 잘 살기 위해 또는 고통과 아픔에서 벗어나려고 그렇게 몸부림치며 '나'에 집착하면서 정작 '나'의 진짜 정체에 대해서는 알려고도 하지 않는 현상은 참으로 아이러니하다. 이렇게 아이러니한 현상은 모습을 전혀 드러내지 않으면서도 끊임없이 그 존재감을 뿜어내는 얼나 때문이다. 무엇을 하건, 어떤 상태에 있건, 얼나에서 비롯된 내가 있다는 느낌, 내가 존재한다는 느낌은 막연하나마 늘 사람들의 내면에 강물처럼 흐르고 있다. 따라서 진짜 '나'인 얼나가 존재하는 한 사람들이 허망한 가짜 나에 집착하는 일은 멈춰지지 않을 것이다. 얼나가 영원히 존재하는 것이라면, 사람들이 가짜 나에 집착하는 일은 얼나를 깨닫고 자기 존재의 뿌리를 얼나에 두지 않는 한 악마의 수레바퀴 돌 듯 영원히 반복될 것이다.

☸ 얼나와 맘나의 관계에 대한 비유

얼나와 맘나의 관계를 설명하기 위하여 흔히 사용되는 비유들을 살펴보자. 여기에서 든 각각의 비유는 얼나와 맘나가 갖는 관계의 특성을 보다 구체적이며 다채롭게 이해하는 데 도움이 될 수 있다.

◎ 비유 1: 몸과 옷

우리는 옷을 몸에 입는다. 몸에 옷을 걸친다고 말할 수도 있다. 그런데 몸은 항상 같은 몸이지만 그 위에 걸쳐지는 옷은 얼마든지 바뀔 수 있다. 계절에 따라, 취향에 따라, 상황에 따라 몸에 걸쳐지는 옷은 매우 다양하게 선택될 수 있다. 옷은 수시로 바뀔 수 있지만 옷이 걸쳐지는 몸은 항상 거기 그대로 있다. 그러나 사람들의 눈에 들어오는 것은 몸이 아니라 몸이 걸치고 있는 옷이다. 몸은 옷으로 가려져서 제 모습을 제대로 드러내지 않는다. 그리하여 사람들은 좋은 옷, 아름다운 옷, 눈에 띄는 옷을 입으려고 안달한다. 그렇다고 옷이 몸에 영향을 주는 것은 아니다. 몸은 옷과 아무 상관이 없되 어떤 옷이든 걸쳐서 모양을 표현해 주는 만능 옷걸이다. 여기서 몸은 얼나, 옷은 맘나다.

몸 : 얼나

옷 : 맘나

◎ 비유 2: 거울과 거울상

거울에는 항상 거울상이 비친다. 거울은 늘 거기 고정되어 있고 거울상은 바뀐다. 모양과 색이 있는 것은 무엇이든 거울 앞에 놓이면 자동적으로 거울상으로 나타난다. 거울상은 수시로 바뀌어도 거울은 항상 같은 모습으로 거기에 있다. 거울상에는 별별 일이 다 생긴다. 그렇다 해도 거울상에서 생기는 일은 거울에 아무런 영향을 미치지 못한다. 늘 거기 있으면서 어떤 모양이든 다 받아서 보여 주되, 거울상의 내용과 아무런 상관이 없을 뿐 아니라 거울상으로부터 아무런 영향을 받지 않으면서 함께 존재하는 것이 거울이다. 여기서 거울은 얼나, 거울상은 맘나다.

거울 : 얼나

자화상 : 맘나

◎ 비유 3: 배우와 배역

　배우 신성일은 자연인 신성일이기도 하다. 배우로서의 신성일은 대본에 주어진 역할에 따라 충실하게 배역을 연기한다. 배역을 연기할 때의 신성일은 대본에 나오는 배역 그 사람이 된다. 생각, 감정에서 미세한 행동에 이르기까지 철저하게 그 사람으로 살아가며 그 사람을 표현한다. 이때 신성일이 표현하는 인격은 자연인으로서의 신성일이 전혀 아니다. 연기에 몰입을 깊게 할수록 그리하여 배역에 대한 동일시가 더 잘 이루어질수록 그는 자연인 신성일로부터 멀어진다. 그럼에도 자연인 신성일이 없어지지는 않는다. 그가 배역을 연기할 때도 자연인 신성일은 어디로 사라지지 않고 항상 그 자리에 있다. 실상 배역은 자연인 신성일과 아무런 상관이 없다. 연기가 끝나면 신성일은 다시 자연인으로 돌아오기 때문이다. 연기가 진행되는 동안 비록 가려져 있어 보이지 않을지언정 자연인 신성일은 배역의 이면에서 늘 숨을 쉬고 있다. 여기서 자연인은 얼나, 배역은 맘나다.

자연인 : 얼나

배역 : 맘나

◎비유 4: 스크린과 영상

TV 스크린에는 영상이 나타난다. 그런데 스크린은 늘 거기에 고정되어 있고 영상은 바뀐다. TV 채널을 돌리면 스크린에 비치는 영상은 바뀌지만 스크린은 같은 모습으로 늘 거기에 있다. 영상에서는 별별 일이 다 일어난다. 그렇다 해도 영상에서 일어나는 일은 스크린에 아무런 영향을 줄 수 없다. 영상은 영상이고 스크린은 스크린이기 때문이다. 늘 거기 있으면서 어떤 영상이든 다 받아서 보여 주되 영상의 내용과 아무런 관련이 없을 뿐 아니라 영상으로부터 아무런 영향을 받지 않으면서 함께 존재하는 것이 스크린이다. 스크린을 떠난 영상은 있을 수 없지만 영상을 떠난 스크린은 얼마든지 있을 수 있다. 여기서 스크린은 얼나, 영상은 맘나다.

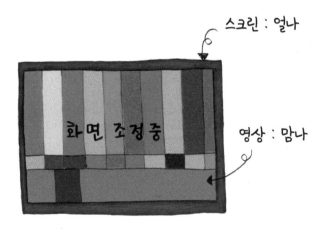

스크린 : 얼나

영상 : 맘나

화면 조정중

◎ 비유 5: 버스 기사와 승객

　당신은 인생이라는 버스를 운전하는 기사다. 이 버스에도 승객들이 올라타는데, 이 승객들은 감각, 감정, 생각, 기억, 욕구, 충동 등이다. 버스에는 당신이 좋아하는 승객도 올라타고 싫어하는 승객도 올라탄다. 그중 어떤 승객은 유난히 거슬리는 행동으로 당신의 신경을 건드린다. 그 때문에 자꾸 마음이 쓰이고 어서 빨리 그가 버스에서 내려 주었으면 하고 바라는 마음이 간절해진다. 때로는 그에게 제발 조용히 있어 달라고 사정을 하고픈 마음도 솟고, 때로는 고함을 치고 혼내 주고 싶은 마음도 든다. 아예 버스를 세우고 승객과 한판 벌이고 싶을 때도 있다. 그런데 이렇게 승객에게 신경을 쓰면 운전이 제대로 되지 않고 자칫하면 사고가 날 수도 있다. 기사의 시선은 버스 안이 아니라 버스 바깥, 그러니까 승객이 아니라 목적지를 향해야 한다. 버스 안에서 무슨 일이 일어나든 목적지까지 안전하게 도착하는 것이 버스 기사의 임무다. 여기서 버스 기사는 얼나, 승객은 맘나다.

승객 : 맘나

버스기사 : 얼나

안전운전

◎ 비유 6: 장기판과 장기알

　장기판 위에 여러 개의 장기알들이 놓여 있다. 왕, 차, 포, 졸, 마, 상, 사라는 이름을 단 이 말들은 정해진 규칙에 따라 장기판 위를 움직이며 상대편을 공략한다. 마치 사람의 내면에서 감각, 감정, 생각, 기억, 욕구, 충동 등이 필요와 상황에 따라 올라오듯, 장기알들은 최선을 다해 자기 역할을 하며 상대편과 싸움을 벌인다. 때로는 싸움에서 이기기도 하고 때로는 지기도 하지만, 이들은 정해진 규칙을 지키면서 수없이 다양한 형태의 움직임을 보여 준다. 장기알이 움직이는 동안 장기판은 이를 지켜보며 항상 거기 그 자리에 있다. 장기알의 움직임이 일어나는 자리를 제공하면서 장기판은 그 움직임에 전혀 간섭하거나 참견하지 않는다. 하지만 장기판이 없다면 장기알은 무용지물이 될 것이며, 장기라는 게임 자체가 없어질 것이다. 여기서 장기판은 얼나, 장기알은 맘나다.

장기알 : 맘나

장기판 : 얼나

◎ 비유 7: 빈방과 가구

　빈방은 가구를 들일 수 있는 비어 있는 공간이다. 빈방은 늘 그곳에서 비어 있는 채로 들어오는 가구를 받아들인다. 가구의 모양과 규모에 따라 빈방의 모습은 달라지지만 빈방의 비어 있음은 없어지지 않는다. 설혹 빈방에 가구가 가득 차 빈 공간이 없을 때라도 비어 있음은 사라지지 않고 있다가 가구를 빼자마자 다시 존재를 드러낸다. 늘 거기 있으면서 어떤 가구든 다 받아들이되 가구와 아무 상관없이 늘 비어 있음을 유지하는 것이 빈방이다. 여기서 빈방은 얼나, 가구는 맘나다.

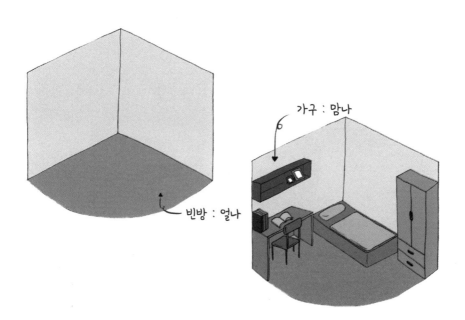

가구 : 맘나

빈방 : 얼나

◎ 비유 8: 부자인 가난뱅이 아들

『금강삼매경론』에 나오는 이야기다. 미혹한 아들이 손에 금전을 쥐고 있으면서도 가지고 있는 줄 알지 못한 채 온갖 곳을 헤매고 돌아다니며 가난하고 궁핍하게 50년을 지냈다. 그 아비가 이를 알고 아들에게 말했다. "너는 금전을 가지고 있으면서 어째서 사용하지 않느냐? 네 뜻대로 사용하면 모두 충족함을 얻을 것이다." 아들이 깨닫고 나서 금전을 얻어 크게 기뻐하였다. 아비가 말했다. "미혹한 아들아, 기뻐하지 말라. 지금 그 돈은 네가 본래 가지고 있던 것이지 새로 얻은 것이 아니니 기뻐할 것이 무엇인가?" 여기서 아들이 손에 쥔 돈은 얼나요, 가난하고 궁핍하게 살아간 아들은 맘나다.

한푼만 줌쇼
배가 고파요

가난하고 궁핍하게 살아간 아들 : 맘나

아들이 손에 쥔 돈 : 얼나

◎ 비유 9: 알아차리는 자와 행하는 자

사람의 의식에서 알아차림과 행함은 항상 동시에 일어난다. 우리는 생각을 하며 동시에 그 생각을 알아차리고, 감정을 느끼며 동시에 그 감정을 알아차리고, 의지를 보이며 동시에 그 의지를 알아차리고, 행동을 하며 동시에 그 행동을 알아차린다. 이렇게 우리가 행하는 생각, 감정, 의지, 행동은 항상 메타적 차원에서 그를 알아차리는 자와 함께 움직인다. 그런데 행하는 자는 늘 생주이멸의 과정을 거치는데, 알아차리는 자는 변함없이 언제나 그 자리에 있다. 다시 말해 생각, 감정, 의지, 행동은 일어나서 머무르다가 변화하고 없어지는 과정을 거치며 요동을 치는데, 알아차림은 그게 무엇이든 변함없이 알아차리는 일을 멈추지 않는다. 그럼에도 알아차림은 자기가 알아차렸던 이전의 어느 행함에도 오염됨이 없이 늘 맑고 순수한 상태로 새롭게 알아차리는 일을 멈추지 않는다. 한 번도 표면으로 드러나지 않은 채 행함의 배후에서 늘 행함을 살피며 관찰하는 자, 그가 바로 알아차림이다. 여기서 알아차리는 이는 얼나, 행하는 자는 맘나다.

행하는 자 : 맘나

알아차리는 자 : 얼나

◎ 비유 10: 바다와 파도

 잔잔하던 바다에 바람이 불면 파도가 일어난다. 그렇다고 파도가 바다와 다른 것은 아니다. 바다와 파도는 다 같은 바닷물일 따름이다. 다만, 바람이 바다를 움직여 일어나게 하는 것이 파도다. 따라서 바다와 파도는 근원이 하나요, 본질이 하나다. 파도라는 다른 이름을 가졌을 뿐 파도는 본래 바닷물이다. 그런데 만일 파도가 자신이 바닷물이라는 사실을 모르고 움직이고 있는 자신의 모습이 전부라고 안다면 이는 매우 어리석은 착각에 지나지 않는다. 온갖 형태의 파도는 늘 있는 바다의 다양한 양상일 뿐, 바람이 잦아들면 파도 역시 잦아들어 잠잠한 바다로 되돌아간다. 여기서 바다는 얼나요, 파도는 맘나다.

◎ 비유 11: 바다와 소금인형

소금인형이 여행을 하다가 바다를 만났다. 바다 앞에 선 소금인형은 깊이를 재기 위해 바다에 발을 내딛었다. 그런데 발이 사라지고 다리가 사라지고 몸이 사라졌다. 바닷속으로 깊이 들어갈수록 소금인형의 몸은 바다에 녹아 점점 작아지다가 마침내 온데간데없이 사라져 버렸다. 형체가 통째로 사라진 순간 소금인형은 바다와 온전한 하나가 되었다. 아니, 소금인형은 바다와 다른 모습을 하고 있었을 뿐 원래 바다와 하나였다. 여기서 바다는 얼나요, 소금인형은 맘나다.

소금인형 : 맘나

바다 : 얼나

◎ 비유 12: 꿈을 보는 이와 꿈에 나오는 이

사람은 매일 밤 꿈을 꾼다. 그리고 꿈속에서 온갖 형상을 만들어 가며 희노애락을 경험한다. 꿈속에서 사람은 온갖 생각을 하고 다양한 감정 표현을 하며, 평소에는 상상도 하지 못한 것들이 되기도 한다. 그런데 꿈에 나오는 모든 형상과 이야기들이 자신의 뇌리 속에서 구성해 내는 것들임에도 불구하고 주인공인 '나'가 따로 있고, 그 나가 경험하는 '대상'들이 따로 있다. 다 자신에 속하는 것인데도 자신과 대상을 구분하고 있다. 다시 말하면 자신 속에서 '나'와 '남'을 구별한다. 그런가 하면 꿈속에서 자신이 하고 있는 이 모든 행위를 바라보고 지켜보는 '나'가 또 따로 있다. 이 바라보는 '나'가 없다면, 사람은 꿈을 일으키지도 알아차리지도 못할 것이다. 이 '나', 즉 꿈을 꾸면서 그 꿈을 바라보고 지켜보는 '나'는 항상 같은 자다. 꿈은 매일 매번 다르지만 이를 바라보는 '나'는 늘 변함없이 같은 '나'다. 여기서 꿈을 보는 이는 얼나, 꿈에 나오는 이는 맘나다.

꿈에 나오는 이 : 맘나

꿈을 보는 이 : 얼나

✿ 얼나에 대한 일상적 체험

　얼나는 익숙하지 않은 것이라 우리에게 매우 낯설게 느껴진다. 하지만 실상 우리는 얼나를 매일 매 순간 체험하며 산다. 특히 우리의 모든 감각과 의식이 멈추는 숙면의 시간은 바로 우리가 얼나로만 존재하는 시간이다. 몸나와 맘나가 정지해 있는 그 순간, 우리가 죽음과 가장 가까운 모습으로 있는 그 순간, 우리가 원래 머물러 있었던 없음에 가장 가까이 다가간 순간, 얼나가 자기 존재감을 한껏 과시한다. 우리는 그 결과를 숙면으로부터 깨어날 때 느낄 수 있다. 아침에 어제 느꼈던 피곤이 사라지고 몸과 마음이 활력으로 가득함을 느꼈다면, 그것은 바로 숙면하는 동안 작용했던 얼나 덕분이다.

　얼나를 거의 잊고 사는 사람도 때로는 얼나의 작용을 체험한다. 특히 뭔가 자기답지 않은 일을 했을 때가 그렇다. 아무리 합리화하려고 해도 마음속에 계속해서 찝찝한 기운이 사라지지 않고 죄의식이나 죄책감에 시달리기도 한다. 이는 얼나가 일종의 감찰관 역할을 담당하고 있는 것인데, No!라고 말하는 양심의 소리가 여기에 해당할 것이다. 우리가 성인이라고 아는 분들은 아마도 90% 이상 얼나를 자각하며 살겠지만 보통 사람도 최소한 10% 정도는 얼나를 느끼고 살아가지 않을까? 비록 그게 뭔지 어렴풋하겠지만…….

　무언가에 깊이 몰입하여 집중할 때에도 얼나를 느낄 수 있다. 마음의 여러 작용들이 멈추고 의식의 초점이 뚜렷해질 때 기쁨과 환희가 조용히 존재 전체를 감싸는데, 이것도 얼나의 작용이다. 더러는 게임을, 더러는 격한 스포츠를, 더러는 고도의 지적 활동을 할 때 몰입이 깊어지면서 고요한 안식과 평화가 강물처럼 흐르는 것을 느껴 본 적이 있을 것이다. 바쁘게 돌아가는 마음으로 인해 가려졌던 얼나가 살짝 의식의 틈 사이로 내비치는 순간이다.

땔감으로 쓰려고 잘라 둔 장작에서 불을 볼 수는 없다. 장작은 마치 불과 무관한 것처럼 보인다. 그런데 무엇인가로 계속 비비고 문지르면 장작 속에서 불이 일어난다. 장작 속에 불은 있는 걸까, 없는 걸까? 있으면서 없고, 없으면서 있는 것이라 딱 잘라 말하기는 어렵지만, 비비고 문지를 때 불이 일어나는 것은 확실하다. 얼나도 마찬가지다. 얼나를 이러저러한 실체라고 딱 잘라 말할 수는 없다. 하지만 일정한 조건이 제시되면, 얼나 특유의 뚜렷한 작용과 기능이 나타난다. 제대로 된 명상은 얼나를 작용하게 하는 주요 조건 중의 하나다. 명상에 숙달된 사람들은 얼나를 일상적으로 활용하며 풍요롭게 삶을 누릴 줄 아는 현명한 사람들이다.

❂ 얼나의 효용

얼나에 접속할 때 개체아인 내가 느끼고 알아차릴 수 있는 효용은 여러 가지가 있다. 일단 개인적인 체험을 섞어 이야기해 보자.

얼나는 나를 있게 한 존재의 근거요, 뿌리다. 다시 말해 없음의 자리에서 있음의 자리로 나를 옮겨 놓은 원초적 에너지다. 따라서 얼나에게는 창조의 힘이 들어 있다. 무엇인가 새로운 것을 창조하고 싶다면, 얼나 속으로 깊이 침잠해 들어갈 일이다. 이렇게 자기 속으로 깊이 들어갈 때 훌쩍 현실 경계를 넘어서는 힘이 작용한다. 내재적인 것이 초월적인 것이라고, 현실을 넘어서는 창조의 길이 자신 속에 들어 있다. 우리는 자고 깰 때마다, 아니 생각과 마음을 바꿀 때마다 새로운 세계를 만들어 가고 있다. 이렇게 우리는 이미 무엇인가를 늘 창조하고 있다. 문제는 그 창조의 주체가 자기 자신임을 모른다는 점과, 창조 행위를 습관적 반복 활동이라고 여기는 제나의 인식이다. 그리하여 창조자이면서도 창조자임을 스스로 부인한다. 얼나에 의식의 초점을 맞추면 여기에서 변혁이 일어난다. 자기 삶의 주체로서 자기 삶을 새롭게 구성하는 일이 가능해지고, 없음 안에 있는 무한성을 있음의 세계로 끌어들여 구현해 내는 진정한 창의성이 발휘된다. 없음은 있음의 뿌리요, 있음은 없음의 목적이다. 내게 없음으로 머무는 얼나는 나의 있음을 창조할 뿐 아니라 풍성하게 꽃피우는 중심핵이다.

얼나에는 성장과 치유의 힘도 들어 있다. 모든 생명은 쉴 틈 없이 성장한다. 생명의 기본 속성이 성장이기 때문이다. 자연스런 성장을 막으면 부작용이 생기지만 결국은 부작용까지도 끌어안으며 성장하려는 것이 생명이다. 생명이 비롯된 곳이 바로 얼나다. 얼나는 생명의 근원으로서 성장과 치유의 에너지를 내뿜는다. 중요한 것은 여기에 접속하는 일이다. 저수지에 호수를 대야 물을 끌어올 수 있는 것처럼, 얼나에 의식의 초점을 맞춰야 성장과 치유의 힘을 끌어올 수 있다. 좋지 않은 일을 당해 마음이 상할 때, 호흡을 가다듬으며 얼나에 초점을 맞추어 보라. 어느 틈엔가 마음이 가라앉고 아픔이 덜어질 것이다. 중요한 선택을 앞두고 갈등이 심해질 때, 얼나에 초점을 맞추고 찬찬히 자신을 들여다보면 서서히 방향이 설정됨을 느낄 것이다. 좋은 방법을 찾기 위해 부지런히 잔머리를 굴리는 대신, 얼나를 들여다보는 행위 자체가 성장과 치유의 힘을 끌어들이는 훨씬 빠른 길이 될 수 있다. 평생 상담을 해온 현대상담의 아버지 로저스의 만년 고백, 즉 "상담을 통해 사람들의 문제를 치유하고 성장하게 하는 힘이 사실은 얼나에 접속했을 때 우러나오는 에너지"라는 구절은 진리를 제대로 꿰뚫고 있는 말이다.

마음을 가라앉히고 얼나에 초점을 맞추다 보면 알 수 없는 안식과 기쁨이 고요히 샘솟아 전신을 휘감는다. 존재의 깊은 곳에서 평안함과 희열의 느낌이 솟아나는 것이다. 묘한 것은 이 안식과 기쁨은 대상이 따로 없다는 점이다. 보통 안식과 기쁨은 무엇인가를 소유했거나 성취했을 때 생기는데, 이 안식과 기쁨은 그런 대상이나 사건이 전혀 없이 발생한다. 바쁜 일상에 쫓겨 정신없이 지내다가도 어느 순간 마음을 돌려 얼나에 초점을 맞추면 여지없이 은은한 안식과 기쁨이 밀려온다. 얼나가 주는 안식과 기쁨은 이렇게 공짜로 대가 없이 주어진다. 대상이 없이 오는 안식이요, 기쁨이기 때문에 이는 살아있는 한 영원히 지속될 것이다. 이런 점에서 얼나는 우리에게 살아있음 자체를 축복하는 값진 선물을 끊임없이 제공한다고 말할 수 있다.

PRESENT

얼나가 우리에게 주는 또 다른 큰 선물은 자유다. 자유는 '모든' 얽매임과 구속에서 벗어날 때 느낄 수 있는 특권이다. 그런데 '모든'의 내용으로 들어가 보면 자유는 실현 불가능한 구호라고 하는 것이 정확하다. 표면상 '~으로부터의 자유'와 '~에로의 자유'를 누리는 것처럼 보여도 실제는 자유라는 헛된 이름과 형태에 매인 경우가 대부분이다. 마음에서 일어나는 일들은 인과 법칙에 따르는 연기적인 것으로서 항상 무언가에 매달려 있고 무언가로부터 비롯되는 것이다. 따라서 이 모든 것들과 끊어져서 자유롭게 설 수 있는 것은 아무것도 없다. 이런 점에서 얼나는 전혀 차원이 다르다. 얼나는 '나'라는 경계를 넘어선 전혀 새로운 차원의 있음이다. 여기서는 이름과 형태가 자리 잡을 곳이 없고, 모든 인과의 작용이 멈추어 있다. 따라서 그 속으로 들어서기만 하면, 모든 것으로부터 풀려나는 자유를 만끽할 수 있다. 시공과 관련된 모든 경험과 기억으로부터, 그리고 개체아인 '나'로 동일시되던 모든 감각과 의식으로부터 참된 해방을 맛볼 수 있다. 그야말로 대자유다. 이 대자유는 감정에 적용해 보면 금방 느낄 수 있다. 예를 들어, 불안한 생각이 떠올라 마음이 불편해질 때 도망가려고 하는 대신 얼른 의식의 초점을 얼나에 두고 가만히 지켜보라. 어느새 마음이 가라앉고, 고요한 정적이 자신을 감쌀 것이다. 이런 점에서 얼나는 부정 정서로부터 우리를 자유롭게 하는 특효약이라고 말해도 무방하다.

얼나에서는 개체아인 너와 나가 따로 나누어지지 않는다. 너의 얼나와 나의 얼나는 없음의 세계 속에서 하나다. 따라서 얼나로 들어가면 나도 없고 너도 없다. 아니 나가 너고 너가 나다. 그렇기 때문에 나와 너를 구분하는 일 자체가 무의미하다. 얼나를 앞세우면 너를 이해하는 일이 아주 쉬워진다. 그것이 무엇이든 얼나라는 같은 근원에서 출발한 것이 환경과 맥락의 차이에 따라 다른 두 모습으로 드러났다면, 그 둘은 본래 하나요, 표현에서만 다른 것일 따름이다. 따라서 그 둘이 서로를 이해하고 수용하지 못할 이유가 없다. 다만, 과정과 결과에서 다르게 드러난 것을 인정하고 존중하면 그만이다. 생각을 예로 들어보자. 사건 A에 대하여 가와 나가 다르게 생각한다고 하자. 가와 나의 생각을 마음의 차원에서 바라보면 근본적으로 다르게 보일지 모르지만, 얼나의 차원에서 보면 같은 곳에 뿌리를 둔 두 개의 다른 결과일 따름이다. 따라서 두 생각은 평등한 지위를 인정받을 만한 자격을 갖추고 있다. 극단적으로 대립하는 생각이라도 마찬가지다. 가가 나의 생각을 이렇게 받아들이면, 가는 나에게 왜 그렇게 생각하느냐고 따지고 설득하고 인위적으로 공감할 필요를 느끼지 못한다. 그보다는 나가 그렇게 생각할 수밖에 없는 과정을 인정하고 둘의 생각이 갈라지게 된 소인을 찾아 소통을 회복하려 할 것이다. 차이 → 같음이 아니라 같음 → 차이의 방향으로 전개되는 이해의 방식. 이것이 동체적 이해요, 원효가 말하는 화쟁의 원리다. 우리 생각의 뿌리인 얼나 또는 원효의 '한마음' 속에 사람들의 상식적 이해를 넘어서는 위대한 소통의 원리가 담겨 있다.

얼나에서는 개체아인 너와 나가 따로 나누어지지 않는다고 했다. 그래서 그런지 얼나에 초점을 맞추고 있으면 사람들을 향한 따뜻한 마음과 자비심이 솟아오른다. 불교에서 동체대비라고 말하는 바로 그 느낌이다. 마음에 떠오르는 사람들 하나하나에게 연민의 정이 솟고 애틋한 관심과 애정이 샘솟는다. 이렇게 다른 사람들을 향한 이타심은 자연스럽게 그들을 돕는 행동으로 이어진다. 내면 깊은 곳에서부터 타인을 향한 이타행이 자발적으로 솟아나는 것이다. 이런 상태에서 나오는 이타행동은 자기를 내세우는 자랑거리가 되지 않는데, 왼손이 하는 것을 오른손이 모르게 하라는 예수의 말이 헛말이 아님을 잘 보여 준다. 솟나(얼나에 기반을 둔)에서 나오는 이타행동은 제나와 아무런 상관없이 전개되는 초아적인 것이기 때문에 초월적이고 순수하다. 솟나의 이타행동과 제나의 이타행동은 이렇게 큰 차이가 있다. 이는 진정한 공익을 위한 행동이 자기 존재에 대한 깊은 내적 성찰로부터 비롯되는 것임을 잘 나타내 주는 현상이다.

얼나에 초점을 맞출 때 얻는 효용은 지금까지 말한 것 이외에도 많다. 이 효용을 유교에서는 양지와 양능을 포함하는 양심 또는 인·의·예·지·신을 뜻하는 오상으로, 불교에서는 보시·지계·인욕·선정·정진·정정진을 뜻하는 육바라밀이라고 지칭한다. 사랑, 희락, 화평, 참음, 자비, 양선, 충성, 온유, 절제 등 기독교에서 말하는 성령의 열매도 여기에 해당할 것이다. 원효는 한마음을 깨달을 때 얻을 수 있는 공덕으로 평안함, 자유로움, 이타행을 꼽았다.

❂ 얼나에 접근을 어렵게 하는 장애물

얼나가 각자의 존재 안에 분명히 살아서 기능할 뿐 아니라, 얼나로부터 얻는 효용이 이렇게 엄청난데도 사람들에게 잘 알려지지 않은 이유는 무얼까? 무엇 때문에 얼나는 일부 수도자나 종교인들에게 한정된 고리타분한 주제로 전락해 버렸을까?

첫째, 얼나는 무요, 빔이요, 없음이다. 그러니까 실체를 규정할 수 없는 절대적이며 초월적인 어떤 것이다. 여기에 이름을 붙이고 그 속성을 구체화하는 일은 항상 얼나를 왜곡하고 오도할 가능성을 지니고 있다. 절대적인 어떤 것을 상대적인 언어로 규정하고 개념화한다는 것이 도대체 말이 되지 않는다. 그래서 얼나의 존재를 깨달은 이들이 얼나에 존재에 대해 아주 애매모호한 발언을 하게 된다. 소리를 지르고 갑자기 때리고 온갖 기이한 행동을 동원하고 도무지 이해하기 어려운 선문답을 던지는 것도 그렇고, 도를 도라고 이름

붙이면 이미 도가 아니라며 직접적인 언급을 피하는 것도 그렇고, 이중부정, 삼중부정의 혼란스러운 논리를 전개하는 것도 그렇다.

이렇다 보니 보통 사람들은 얼나를 이해하기도, 체험하기도 어려운 것이라고 결론을 내리고 쉽게 포기한다. 필자는 여기에 큰 함정이 있다고 생각한다. 철학적 혼란을 우려한 깨달은 이들의 지나치게 조심스러운 접근이 오히려 얼나를 가려 버리는 심각한 잘못을 저지르고 만 것이다. 이 시점에서 필자는 과감한 전환이 필요하다고 생각한다. 없음이, 빔이, 그리하여 얼나가 실제로 존재한다는 사실을 선포하는 것이다. 조금 어려운 말로 공성(공성)의 실재를 강력하게 드러내자는 것이다. 다석 유영모가 '없이 계신 하나님'이라고 부른 것처럼 없지만 있고, 비었으나 차 있는 어떤 실체로 얼나를 규정하자는 말이다. 이렇게 하면 얼나가 추상적인 개념이나 철학적 게임에 머무는 상상체가 아니라 우리 삶에 구체적으로 관여하는 현실 참여체임을 분명하게 부각시킬 수 있을 것이다.

없지만 있고,
비었으나 차 있는
어떤 실체

둘째, 깨달았다는 사람들의 현실 도피적인 행태도 문제다. 얼나를 깨달은 이들이 자기 얼나를 지키겠다고 삶의 현장을 떠나 산속이나 기도원으로 들어가는 일이 대표적이다. 고요히 마음을 가라앉히고 얼나에 깊이 몰입하기 위하여 좋은 환경을 찾아 일정시간 삶의 현장을 떠날 수는 있다. 그러나 마치 현실과 동떨어진 산속이 얼나를 찾은 자가 마땅히 머물러야 할 장소인 양 행동하는 것은 사람들에게 큰 오해를 불러일으킬 수 있다.

얼나를 찾았다고 주장하는 이들이 전반적으로 헐벗고 가난하게 사는 것도 문제다. 물질문명과 돈에 대한 숭배가 극에 달한 21세기에 의식주를 남에게 의지하며 거지처럼 사는 모습은 평범한 사람들에게 전혀 자극과 감동을 주지 못한다. 오히려 얼나를 자신들의 삶과 아무 관련이 없는 성스럽되 몽상적인 것으로 치부하고 이에 다가서는 행위 자체를 포기하게 만든다. 깨달음의 궁극적인 목적 중 하나가 일상을 살아가는 평범한 사람들을 구원하는 것이라면, 21세기를 살아가는 보통 사람들이 거부감을 느끼지 않는 생활방식을 채용하며 살아가는 것도 한 방법일 수 있다. 이런 점에서 치열한 삶이 펼쳐지는 현실로 들어와 보통

도를 깨달았다!~~

사람들과 섞여 살며 얼나를 근거 삼아 살아갔던 원효는 우리 모두가 따라가야 할 삶의 모범이다.

셋째, 얼나와 같은 영적 속성을 '종교'의 전유물로 치부하고 외면하는 일반인들의 인식도 문제다. 대체로 사람들은 현실계와 종교계를 분리하고 마치 두 세계가 전혀 연관이 없는 것처럼 살아간다. 속세에서 평일 동안 열심히 살다가 주말에 교회나 절에 가서 잠시 반성하는 식이다. 이렇게 삶이 이원화되어 버리면 수천 년을 살아오면서 인류가 쌓아온 성숙한 삶에 대한 지혜가 일상적 삶에 활용될 여지가 사라진다. 이는 마치 보물을 창고에 보관하듯 인류의 영적·정신적 자산을 종교의 울타리에 가두는 것으로 참으로 어리석은 짓이다.

이렇게 된 데에는 종교계에 종사하는 성직자들의 잘못도 크다. 성스러움이라는 허망한 상을 세우고 이를 독점하여 영적 전문가로 자처해 온 것이 작금의 사태를 야기한 큰 원인이다. 하지만 사람들 안의 영성은 각자가 접속하고 체험해야 할 매우 개인적이며 주관적인 속성이다. 이 과정에 영적 전문가가 선지자이며 선체험자로서 도움을 줄 수는 있지만, 개인의 영성에 직접 개입할 여지는 조금도 없다. '나'의 얼나는 오로지 나만이 접촉할 수 있고 나만이 체험할 수 있다. 따라서 영성을 종교의 감옥 안에서 해방시키는 일, 그리하여 사람들의 일상생활에 참여시키는 일은 매우 중요한 과제다. '나'의 영성은 매일 매 순간을 살아가는 내 삶의 원천이며, 이를 바탕으로 주인공으로서 제자리를 찾아야 한다. 현실을 초월한 영성이 아니라 현실에 뿌리를 두고 현실을 살아가게 하는 힘의 원천으로서 얼나가 자리를 잡아야 한다. 이런 점에서 얼나를 종교적 개념으로 여기는 일반인들의 잘못된 얼나관 역시 하루빨리 시정되어야 한다.

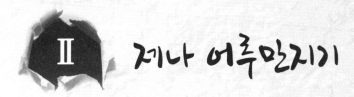

II 제나 어루만지기

II 제나 어루만지기

제나는 태양을 가리는 구름처럼 얼나를 가린다. 그리하여 탐·진·치에 따라 사는 것이 전부인 양 삶을 오도한다. 따라서 얼나가 있음을 자각하고 얼나에 따르는 삶을 살기 위해서 제나의 정체는 드러나고 벗겨져야 한다. 그러나 제나는 너무나 오랫동안 두꺼운 가림막 역할을 해왔기 때문에 쉽게 벗겨낼 수가 없다. 더구나 제나가 있었기 때문에 지금의 '나'가 있다는 점을 고려해 보면 '나'를 있게 한 제나의 공 역시 무시할 수 없다. 따라서 제나를 벗겨 내고 해체하려면 몇 가지 과정을 거칠 필요가 있다. 특히 제나에 대한 집착이 심할수록 이 과정은 필수적이다.

학습의 정체

모든 아이가 그렇듯이 세상에 태어나서 처음에 나는 내 안의 흐름에 따라 자유분방하고 자발적으로 행동했을 것이다. 좋으면 웃고, 슬프면 울고, 화가 나면 짜증을 내고, 만지고 싶은 것이 있으면 손을 내뻗고, 아프게 하는 대상은 피하는 식으로 아마 나의 모든 행동들이 자연스런 느낌을 따라 진정성 있게 흘러나왔을 것이다. 그러나 나의 이런 행동은 곧 나를 양육한 부모님과 주변 사람들의 거부와 제지, 이를테면 '안 돼!' '아니야!' '하지마!'를 만나면서 뒤틀리기 시작했을 것이다. 주변의 거부와 제지가 나의 생존과 적응에 불리한 것을 본능적으로 알고 있었을 것이기 때문이다. 그러면서 느낌을 따라 진정성 있게 행동하는 것이 외부 세상에 '통하지 않는다'는 것을 알게 되고 점차 나의 느낌과는 다른 방식으로 행동하는 법을 배웠을 것이다. 그리하여 슬픈데도 울지 않고 짜증이 나는데도 화를 내지 않는 '~하는 체' 하는 표현법이 몸에 배이기 시작했을 것이다. 이렇게 주변 사람들의 시선과 압박에 맞춰 자기가 느끼는 감정의 표현방식을 바꿔 가는 것을 사람들은 '철드는 과정'이라고도 하고 '사회화하는 과정' 또는 '어른이 되는 과정'이라고 말한다. 이 시기 학습의 정체는 바로 이런 것이다. 그런데 이 학습은 내 느낌과 관련하여 나의 정신계에 결정적인 각인을 남겼을 가능성이 있다. '느낌'은 위험한 것이며, 있는 그대로 함부로 표현하면 곤란하다는 인식이다. 특히 두려움, 분노, 슬픔 같은 부정적 느낌은 가능한 한 숨기고 다른 사람들 눈에 들키지 않게 속에 눌러두어야 한다는 생각이 시작되고 강화되었을 것이다. 그러면서 한편으로 부모님과 주변의 다른 사람들이 느낌을 어떻게 표현하고 행동하는가를 조심스럽게 살피며 똑같이 따라 하게 되었을 것이다. 자라면서 나의 표현방식과 행동이 부모나 주변 사람들을 닮을 수밖에 없는 이유다. 이렇게 인생 초기에 내가 경험한 학습은 두루두루 나의 정신과 행동을 형성하는 데 결정적인 역할을 했을 것이다. 그런데 이런 학습은 원래의 진정성 있는 나와 상당히 다른 모습으로 나를 몰아갔을 수 있다.

출처: 박성희(2015). pp. 13-14.

도대체 진짜 나는 누구일까?

◎ 전략 1: 어리석음 포용하기

우리는 살아가면서 수없이 많은 실수와 잘못을 저지른다. 그러나 이 모든 잘못들은 살아남기 위한 처절한 노력의 산물들이다. 살아남기 위해 그리고 좀 더 잘 살기 위해 당시 상황에서는 '어쩔 수 없는' 또는 '최선'의 선택을 했을 따름이다. 그 어리석음에 힘입어 나는 지금 여기 생생하게 살아 있다. 알고 보면 어리석은 생각과 행동들은 오늘의 나를 있게 만든 삶의 동력이요, 전략들이다. 그러므로 그 어리석음들로부터 피하고 벗어나려고 하지 말고 자비롭게 끌어안고 포용할 필요가 있다.

☑ 자신 용서하기

그동안 실수했다고 잘못했다고 자신을 비난하고 야단치던 태도를 버리고 자신을 용서한다. 자신의 어리석음을 있는 그대로 받아들이고 애정 어린 눈길을 보내면서 오히려 그동안의 노고에 격려를 보낸다.

☑ 자기 탓 하지 않기(네 잘못이 아니야!)

알고 보면 자신이 저지른 실수와 잘못이 순전히 자기 탓만은 아니다. 실수와 잘못은 그 전의 수없이 많은 원인들이 작용한 결과일 뿐인데, 이 원인에는 자신이 어쩔 수 없는 많은 요인들이 포함되어 있다. 물리적인 환경에서부터 생리 · 심리 · 사회 · 문화적인 환경, 사건이 벌어진 상황과 맥락, 타인들의 영향으로 인해 형성된 무의식적 요인 등이 그렇다. 따라서 자신의 어리석음에 대한 비난이 일어날 때마다 "네 잘못이 아니야."라고 속삭이며 자기 탓을 벗어난다.

☑ 자신에게 상처를 준 다른 사람 용서하기

자신의 어리석음이 그런 것처럼 다른 사람의 어리석음 역시 수없이 많은 요인들이 복합적으로 결합된 결과다. 따라서 상처를 준 다른 사람의 어리석음을 용서하고 과도하게 치중했던 '그 사람 탓'을 내려놓음으로써 그 사람을 향한 비난과 원망에서 벗어난다.

☑ **인연 탓으로 돌리기**

세상의 모든 결과에는 직·간접적 원인이 있다. 그런데 이 원인에는 자신이 통제할 수 없는 요소가 너무 많다. 따라서 자신이 저지르는 실수와 잘못 역시 인연의 고리에서 발생하는 것으로 받아들이고 마음의 동요를 가라앉힌다.

☑ ······

◎ 전략 2: 상처받은 어린아이 위로하기

성인의 내면에는 두 가지 어린아이가 있다고 한다. 밝고 건강하게 생명력이 넘치는 어린아이와 상처를 입어 위축된 어린아이다. 원래 어린아이는 생명 그 자체로서 활력이 넘치는 존재다. 그러나 자신이 태어난 사회에 적응하다 보니 이리저리 상처를 입고 위축된 어린아이로 변질된다. 그러니까 위축된 어린아이는 사회화의 과정에서 왜곡되고 희생된 부정적인 자아상이라고 말할 수 있다. 이 어린아이의 상처를 위로하고 치유함으로써 부정적인 자아상을 해체하고 그로부터 자유로워질 필요가 있다. 알고 보면 우리가 느끼는 고통과 불편함은 우리의 적이 아니라 친구이며, 우리를 해치려는 것이 아니라 도우려는 것이다.

☑ **자기 보호를 위한 최선의 선택이었음을 인정하기**

위험을 느끼면 위험에 대비하는 반응이 나오기 마련이다. 문제는 위험에 대비할 준비 또는 역량이 얼마나 성숙한가에 달려있다. 지금 보면 우스

꽝스럽겠지만 물리적으로 연약하고 심리적으로 미숙한 시절에 외부의 위험과 상황에 그렇게 대응한 것은 너무나 당연한 것일 수 있다. 따라서 그때 그 반응은 그 당시로는 최선의 선택이었음을 인정하고 박수를 보낸다.

☑ **고통의 유효기간이 끝났음을 인정하기(어른으로 성장하였음을 인정하기)**

그러나 이제 신체도 강건해지고 심리적 · 사회적으로도 성숙한 어른이 되었다. 그 시절 감당할 수 없었던 일이 이제는 더 이상 문제가 되지 않는다. 그럼에도 어린아이 시절에 했던 대응을 반복하고 그 시절의 느낌을 여전히 가져간다면 과잉 퇴행이라고 말할 수 있다. 그때의 아픔이 지금의 아픔이 되고 그때의 고통이 지금의 고통이 되어야 할 이유는 어디에도 없다. 따라서 위축된 어린아이 시절에 형성된 부정적 자아상에 확실한 종지부를 찍는다.

☑ **알을 깨고 나오기(상처받은 어린 아이와 작별하기)**

과거를 철저하게 지나간 일로 떠나보낸다. 마음속에 남아 있는 상처받은 어린아이에게 악수를 청하고 수고했다는 말을 하면서 안녕을 고한다. 어린아이가 차지하고 있던 자리에는 이제 어른이 앉게 되었으므로 어린아이는 설사 되돌아온다 해도 앉을 자리가 없다. 처음에 어색한 어른의 자리는 곧 익숙해질 것이다.

☑ **내면의 어린아이가 임시적 방편인 상상적 가공물에 불과함을 알아차리기**

실상 내면의 어린아이는 머릿속에서 구성한 상상적인 개념일 따름이다. 한때 받은 상처가 너무 아파서 자기 집에 머무른 채 성장을 포기하고 외부 세계를 극도로 경계하는 심리적 상태를 위축된 어린아이라는 개념으로 표현한 것이다. 따라서 위축된 어린아이라는 상상적 가공물을 해체하고 과감하게 긍정적인 자아개념을 구성해 가면 내면의 어린아이는 저절로 사라질 것이다.

☑ ……

◎ 전략 3: '과거'에 무조건적인 사랑과 관심 기울이기

모든 사람은 예외 없이 무조건적인 사랑을 찾는다. 표면적으로 어떻게 행동하든 무엇이라고 변명하든 모든 행동은 무조건적인 사랑을 향한 울부짖음이다. 이 울부짖음이 제대로 이해되지 않고 받아들여지지 않을 때 온갖 문제가 발생한다. 무조건적인 사랑을 얻으려는 욕구는 더 강렬해지고 표현은 더 거칠어진다. 마음의 상처가 크고 문제 행동을 심하게 하는 사람일수록 무조건적 사랑을 향한 욕구의 좌절 역시 그만큼 깊고 크다. 과거는 그냥 사라져 없어지는 것이 아니라 하나의 메신저로서 계속 메시지를 전달하며 현재에 영향을 끼친다. 그게 무엇이든 부정적인 방식으로 감정을 촉발하는 생활 사건은 항상 과거로부터 현재로 전해지는 하나의 메시지다. 그러므로 아무런 조건을 붙이지 말고 과거, 그리고 과거에 일어난 모든 일들에 관심을 기울이고 사랑을 베푼다. 현재는 과거의 반영이요, 투사이므로 과거를 사랑하는 일은 현재를 사랑하는 일과 다른 것이 아님을 철저히 알아야 한다.

☑ 사랑하는 마음으로 기억하고 싶지 않은 과거를 영화를 보듯 생생하게 떠올리며 감상한다.

☑ 감정이 끓어오를 때 그와 연관된 사람이나 사건을 찾아 관심을 기울이며 살핀다.

☑ 사람 또는 사건과 관련하여 부정적인 생각이 떠오를 때 그것이 전달하려는 메시지가 무엇인지 관심을 기울인다.

☑ 자신에게 상처를 주는 사람의 행동을 무조건적인 사랑을 얻기 위한 노력으로 해석하고 긍정적인 관심을 기울인다.

☑ ……

✿ 원리 2: 제나의 말 들어주기

공주와 달

옛날 어느 나라에 어린 공주님이 살고 있었습니다. 공주는 왕과 왕비의 사랑을 듬뿍 받으며 아름답고 건강하게 잘 크고 있었습니다. 그러던 어느 날, 공주는 하늘 높이 금빛을 내며 떠 있는 달을 보고 불현듯 그 달을 가지고 싶은 마음이 들었습니다. 그리하여 공주는 부모님께 달을 따다 달라고 보채기 시작했습니다. 왕과 왕비는 공주에게 달은 따올 수 없는 것이라고 열심히 설득하려 했으나 공주는 들은 체 만 체하며 여전히 달을 따다 달라고 졸랐습니다. 공주가 쉽게 물러서지 않자 왕은 유명하다는 과학자들을 불러들이고, 의원도 불러들이는 등 온갖 노력을 다하였습니다. 하지만 그들은 하나같이 공주에게 달은 따올 수 없는 거라고 말했습니다.

"공주님, 달은 너무 멀리 있어서 가까이 다가갈 수도 없습니다. 달을 따온다는 것은 불가능해요." "공주님, 달은 너무 커서 가까이 갔다 하더라도 따올 수는 없습니다." "공주님, 달에 대해 너무 많이 생각하셔서 병이 든 것 같습니다. 제발 더 이상 달 생각을 하지 마십시오."

그러나 공주는 자기의 뜻을 굽히지 않았습니다. 달을 따다 달라는 요구를 들어주지 않자 드디어 공주는 단식 투쟁에 들어갔습니다. 왕과 왕비는 설득과 협박을 반복했지만 속수무책으로 공주는 서서히 말라가기 시작했습니다. 이때 공주와 친하게 지내던 광대가 나타났습니다. 전후 사정을 잘 알고 있는 광대는 공주를 만나 몇 가지 질문을 던졌습니다.

광대: "공주님, 달은 어떻게 생겼나요?"
공주: "달은 동그랗게 생겼지 뭐."
광대: "그러면 달은 얼마나 큰가요?"
공주: "바보, 그것도 몰라? 달은 내 손톱만 하지. 손톱으로 가려지잖아."
광대: "그럼 달은 어떤 색인가요?"
공주: "달이야 황금빛이 나지."
광대: "그럼 달은 손톱만 한 크기의 동그란 황금 구슬과 비슷하겠네요?"
공주: "그럼. 그게 바로 달이지 뭐야."
광대: "알겠어요, 공주님. 제가 가서 달을 따올테니 조금만 기다리세요."

공주의 방을 나온 광대는 왕에게 아뢰고 손톱 크기만 한 동그란 황금 구슬을 만들어 공주에게 가져다주었습니다. 공주는 뛸 듯이 기뻐하였습니다. 단식 투쟁까지 하면서 그렇게 원하던 '달'을 드디어 손에 넣은 것입니다. 기뻐하는 공주를 바라보며 광대는 슬그머니 걱정이 되었습니다. 달을 따왔는데 마침 보름날인 오늘밤 달이 또 뜨면 공주가 뭐라고 할지 걱정이 된 광대가 공주에게 말을 건넵니다.

광대: "공주님, 달을 따왔는데 오늘 밤 또 달이 뜨면 어떻게 하지요?"
공주: "이런 바보, 그것을 왜 걱정해. 이를 빼면 새 이가 또 나오지? 그것
　　과 같은 거야. 달은 하나를 빼 오면 또 나오게 돼 있어. 그리고 달
　　이 어디 하나만 있니? 달은 호수에도 떠 있지, 물컵에도 떠 있지,
　　세상 천지에 가득 차 있어. 하나쯤 떼어 온다고 문제될 게 없지."

출처: 박성희(1999). p. 12.

달이 갖고 싶다...

지금까지 인생살이를 주도해 온 제나는 할 말이 많다. 특히 상처가 깊고 멍들어 아픈 부분에 대해서는 더욱 그렇다. 이 상처를 어루만지고 쓰다듬어 가라앉히지 않으면 얼나에 대한 이야기는 전혀 먹혀들어갈 여지가 없다. 잔뜩 성이 나 있는 사람에게 사랑의 원리를 설교하는 것처럼, 제나의 아픔에 시달리는 사람에게 얼나를 들이대는 일은 뜬금없는 일이 될 확률이 높다. 그러므로 먼저 제나의 이야기를 찬찬히 들어가면서 제나에 들어 있는 심리 에너지를 가라앉힐 필요가 있다. 그리하여 고요한 상태에서 자신을 성찰할 수 있도록 도와야 한다. 잘 들어주기, 그리하여 제나의 고충을 충분히 표현하게 돕는 일은 한편으로는 자기 이해를 돕고 한편으로는 얼나를 향할 수 있게 돕는 중요한 계기가 될 수 있다. 다음에 제시하는 진정성, 공감, 수용은 제나의 이야기를 잘 들어주는 데 필요한 필수 전략들이다.

◎ 전략 1: 진정성 있게 대하기

진정성은 간단히 말해 거짓 없는 진실한 마음으로 상대방을 성실하게 대하는 태도를 뜻한다. 그러나 상담학계에서 진행된 진정성에 대한 연구를 통해 진정성에 좀 더 많은 개념과 의미가 포함되어 있음이 밝혀졌다. 이 개념들은 진정성의 다양한 측면에 충실함으로써 보다 깊이 있게 상대방의 말을 들어주는 전략들로 활용될 수 있다.

☑ 일치시키기

일치시키기는 체험과 인식의 일치 그리고 인식과 표현의 일치를 포함한다. 체험과 인식의 일치는 내부적 일치, 인식과 표현의 일치는 외부적 일치라고도 한다.

☑ 투명하게 드러내기

인식과 표현의 일치를 특히 투명성이라고 부른다. 투명성은 속까지 환히 비치도록 맑고 분명한 태도를 말하는데, 내면에서 진행되는 생각이나 느낌을 바깥으로 드러낼 때 있는 그대로 맑고 투명하게 표현하라는 말이다.

☑ 순수하게 대하기

순수하게 대하기는 아무것도 섞이지 않은 순수한 마음으로 상대를 대하라는 뜻이다. 철저하게 상대방을 위하여, 상대방을 목적으로 대하라는 말이다.

☑ 진솔하기

진솔하기는 참되고 솔직하라는 뜻이다. 다시 말해 꾸밈, 가식, 왜곡, 과장, 가면 없이 있는 모습 그대로 솔직하게 자신을 드러내라는 말이다.

☑ 성실하게 대하기

성실하게 대하기는 상대방에게 깊은 관심과 정성을 쏟으라는 뜻이다. 마치 상대방이 우주 전체인 양 그에게 온통 주의를 집중하고 그 사람이 하는 말에 성실하게 귀를 기울이며 그의 세계로 온전히 파고들라는 말이다.

☑ 통합적으로 대하기

통합적으로 대하기는 상대방이 가진 모든 요소들을 연결하여 전체적으로 소통하라는 뜻이다. 상대방에게 일어나는 다양한 경험을 유기적으로 연결함으로써 하나의 전체로서 일관성과 정합성을 갖춘 존재로 이해하고 소통하라는 말이다.

☑ '지금 여기'에 머물기

'지금 여기'에 머물기는 과거나 미래가 아닌 '지금 여기'에서 자신이 감각하고 인식하고 느끼고 의식하고 접촉하는 등 자신에게 일어나는 온갖 현상을 거부하지 않은 채 전체로 느끼고 경험하면서 더불어 있으라는 말이다.

☑ ……

◎ 전략 2: 수용하기

수용은 있는 그대로 받아들인다는 뜻이다. 그게 생각이든 감정이든 행동이든 표현한 그대로 받아들인다는 말이다. 상대방이 이렇게 받아들여 주면 굳이 꾸미고 조작하고 덧붙이는 이상한 짓을 할 필요가 없다. 현재 자기 모습을 있는 그대로 보여 줘도 다 받아들여진다면 굳이 자신을 속이며 무리할 이유가 없다. 수용은 수용할 내용인 '무엇'과 수용하는 방법인 '어떻게'로 나눌 수 있다. '무엇'에는 모든 것이 포함될 수 있지만 관계에서는 특히 사람의 수용이 중요하다. 일상생활에서 사람의 수용을 말할 때 흔히 특정 행동을 말할 때가 많은데, 행동 이외에도 감각, 감정, 생각, 인격, 자아실현 경향성, 유기체적 가치화과정, 고통 등 수많은 것들이 수용의 내용이 될 수 있다. '어떻게'는 수용을 실행하는 구체적인 전략을 말한다. 여기서는 수용 전략인 '어떻게'를 살펴보도록 한다.

☑ 무조건적으로 받아들이기

'무조건적'이라는 말은 조건이 없다 또는 조건을 내걸지 않는다는 뜻이다. 따라서 무조건적으로 받아들이기는 상대방이 갖추고 있는 상태나 요소에 상관없이 또는 특정한 요구나 견해를 덧붙이지 않은 채 받아들이는 것을 말한다. 한마디로 무조건적으로 받아들이기는 일체의 판단과 평가를 중지한 채 아무런 기준 없이 상대방의 모든 것을 받아들임을 말한다.

☑ 정의에 갇히지 않기

정의(定義)는 사물의 뜻을 명백히 밝혀 규정하는 행위를 말하는데, 무엇인가로 규정하는 일이 오히려 사물의 제 모습을 있는 그대로 보지 못하게 하는 함정이 될 수도 있다. 상대방에 대해 '~한 사람'이라고 정의를 하게 되면, 그 사람을 정의된 개념으로만 만나게 될 뿐 생생한 인격으로는 만나기가 어렵다. 심하게 말하면 이는 상대방 인격에 대한 폭력이라고 말할 수도 있다. 따라서 섣불리 상대방을 무엇인가로 규정하지 않고 늘 신선한 시선으로 바라보아야 한다.

☑ 비지시적으로 대하기

비지시적으로 대한다는 말은 특정한 방향으로 끌어가지 않는다는 뜻이다. 삶을 살아가는 주체는 각 개인이므로 삶의 방향을 정하고 주도하는 사람 역시 그 개인이어야 한다. 그런데 상대방이 제기하는 문제의 답이 훤히 보인다고 해서 충고를 하거나 해결책을 제시하게 되면 노골적으로 상대방의 삶에 관여하게 되는 셈이다. 따라서 상대방에게 개입해 들어가려는 모든 유혹을 뿌리치고, 그게 무엇이든 상대방 스스로 자신에게 일어나는 현상을 모두 체험할 수 있도록 도울 필요가 있다.

☑ 비소유적으로 대하기

비소유적으로 대한다는 말은 상대방을 나의 소유물로 보지 않는다는 뜻이다. 상대방은 나와 분리된 인격이며 나름의 고유하고 독자적인 삶을 살아가는 개체다. 따라서 상대방을 자기와 근본적으로 다른 존재로 보고 그다름을 존중하고 즐길 줄 알아야 한다. 상대방의 삶에 개입하고 참견하고 조정하려고 하는 대신, 상대방이 펼치는 삶의 과정을 지켜보고 이해하고 공감하는 데 관심을 쏟아야 한다.

☑ 긍정적으로 대하기

긍정적으로 대한다는 말은 상대방의 존재에 대해 좋게 바라보고 좋게 대한다는 뜻이다. 상대방이 어떤 상태에 있든 무슨 행동을 하든 늘 우호적으로 대하는 것이다. 거짓말을 하거나 심지어 심한 반사회적 행동을 하더라도 상대방을 좋게 바라보는 시선을 놓치지 말아야 한다. 이렇게 하는 이유는 상대방이 행한 부정적 행동에 동의해서가 아니라 그런 행동들로 인해 상대방의 존재 자체가 부정되고 거부되어서는 곤란하다는 인식 때문이다. 상대방의 존재에 대한 긍정적 인정은 상대방의 바람직한 성장을 위해 반드시 제공되어야 할 태도 중 하나다.

☑ 따뜻하게 대하기

상대방을 향한 긍정성은 따뜻한 느낌으로 나타난다. 좋아하는 사람을 생각하면 따사로운 느낌이 드는 것처럼, 상대방을 긍정하면 속에서 따뜻한 느낌이 올라온다. 만남의 한쪽에서 흘러나오는 이 따뜻한 느낌은 다른 쪽에도 전달되어 두 사람 사이에 부드럽고 화기애애한 분위기가 형성된다. 이 분위기는 신속한 신뢰관계 형성을 돕고, 편안하고 안전한 가운데 자신을 되돌아볼 수 있는 계기를 마련해 준다. 푸른 새싹이 움트는 데 봄이 필요하듯, 사람의 성장에도 따뜻한 관계가 필수적이다.

☑ ……

◎ 전략 3: 공감하기

"공감하기는 쉽게 말해 상대방의 눈으로 보는 것처럼 보고, 귀로 듣는 것처럼 듣고, 코로 냄새 맡는 것처럼 냄새 맡고, 혀로 맛보는 것처럼 맛보고, 피부로 감각하는 것처럼 감각하는 것을 말한다. 자신을 잠시 젖혀 놓고 상대방의 내면으로 들어가 마치 자신이 상대방인 것처럼 생각하고 느껴보고 행동하는 것이다. 그러기 위해서는 모든 선입견과 선지식을 버리고 순수한 마음으로 상대방의 이야기를 경청하고 그 속으로 뛰어들어가야 한다. 그러다 보면 어느 순간 메아리가 되어 돌아오듯, 울림판이 공명하듯 하나가 된 느낌이 들고, 아울러 상대방의 문제해결에 대한 통찰을 얻게 된다(박성희, 이동렬, 2001, p. 17)." 공감을 잘 하기 위해서도 여러 가지 전략이 필요하다. 여기서는 공감적인 소통 과정을 여섯 단계로 나누고, 각 단계별로 활용할 수 있는 전략들을 살펴보도록 한다(박성희, 2016, pp. 126-130).

☑ 공감 소통 1단계: 마음 비우기

상대방의 말을 잘 들어주며 소통하려면 무엇보다 먼저 마음이 깨끗하게 비워져 있어야 한다. 마음에 다른 것이 차 있으면 상대방의 말이 잘 들어오지 않기 때문이다. 마음을 비우는 대표적인 방법으로 명상이나 선을 추천할 수 있지만, 그 밖에도 집중명상, 관찰명상, 신념 비우기, 감정 비우기, 고민 비우기, 상상으로 공감하기 등 여러 가지 방법이 활용될 수 있다.

☑ 공감 소통 2단계: 언어 이해하기

대화와 소통을 할 때 상대방을 공감적으로 이해하는 일은 매우 중요하다. 상대방을 공감적으로 이해하기 위해서는 먼저 상대방이 사용하는 용어와 낱말들의 의미를 정확하게 파악하는 일이 필요하다. '달과 공주'라는 유명한 동화가 이를 잘 설명해 준다. 공주가 말하는 '달'이 무엇을 의미하는지 알았다면 아무 문제가 없었겠지만, 그렇지 못했기 때문에 큰 소동이 일어났다. 따라서 상대방과 대화를 할 때 상대방이 사용하는 언어들이 구체적으로 무엇을 의미하는지 정확하게 파악하는 일이 선행되어야 한다.

상대방이 사용하는 핵심 용어와 낱말들의 정확한 의미를 파악하는 가장 좋은 방법은 자신을 이제 막 말을 배우기 시작하는 어린아이로 간주하는 것이다. 궁금한 것은 많고 아는 것이 적은 어린아이가 온갖 물음으로 주변 사람들을 괴롭히는 것처럼 상대방에 대하여 마치 아무것도 모르는 듯 물어보고 따져 보아야 한다. 물론 지나치게 많은 질문으로 상대방을 짜증스럽게 해서는 곤란하지만 상대방의 문제와 관련된 용어와 낱말 또는 상대방이 아주 신중하게 대하는 듯한 용어나 낱말에 대해서는 철저하게 알고 넘어가야 한다.

☑ 공감소통 3단계: 논리 이해하기

핵심 용어와 낱말 못지않게 중요한 것이 상대방의 내면에서 진행되는 논리를 이해하는 일이다. 상대방이 아무리 터무니없고 엉뚱한 논리를 전개할지라도 그 논리를 잘 이해하고 공감해야 그를 도울 수 있는 방법을 찾을 수 있다. 상대방의 고유한 논리를 이해하기 위하여 다음의 과정이 도움이 될 수 있다.

먼저, 자신의 마음을 비우고 백지에 그림을 그려 나가듯 상대방의 논리를 추적한다. 여러 번 이 과정을 반복하여 상대방의 논리가 머리에 환히 떠오르도록 한다. 가능하면 흐름도를 그리거나 도식화하는 것이 좋다. 그리고 상대방의 논리를 충분히 이해하였다고 생각하면 그 논리를 발전시켜 본다. 상대방이 미처 다가가지 못했던 부분까지 상담자가 앞장서서 논리를 전개시켜 보는 것이다.

☑ 공감소통 4, 5단계: 상대방의 두 가지 동기 파악하기

상대방을 제대로 이해하려면 말의 내용을 이해하는 일도 중요하지만, 그 말을 하는 근본적인 이유를 알아야 한다. 도대체 저 말을 왜 하는지, 저 말을 통해 얻으려고 하는 것이 무엇인지를 알아야 한다는 뜻이다. 말하기 전 상대방의 마음에 자리하고 있던 근본동기를 파악하는 것이다. 근본동기는 크게 두 가지로 나뉜다. 하나는 필요한 것이 모자라서 생기는 결핍동기, 다른 하나는 더 발전하고 싶은 성장동기다. 결핍동기는 채워 주면 사라지고 성장동기는 채울수록 더 추구하게 된다. 그런데 잘 살펴보면 결핍동기와 성장동기는 따로 떨어진 것이 아니라 밀접하게 연관되어 있다. 그러니까 결핍동기가 충족되면 곧바로 성장동기가 일어난다. 많은 경우, 성장동기가 충족될 때에 만족도가 커진다는 점을 고려하여 특히 성장동기를 주목할 필요가 있다.

상대방의 근본동기와 성장동기를 찾기 위해 다음과 같이 할 수 있다.

첫째, 서로 대화를 시작한다. 어느 정도 대화가 무르익으면 상대방의 이야기를 들으면서 '저 말을 하는 이유가 뭘까?' '저 말을 통해서 충족시키려는 욕구는 무얼까?' '저 말 뒤에 숨어 있는 성장동기는 무얼까?'라는 질문을 자신에게 던지며 거기에 알맞은 동기를 찾아본다.

둘째, 생각해 낸 동기가 정확한지 상대방에게 확인한다.

셋째, 만일 자신이 생각해 낸 답이 틀리면 다시 다른 동기를 찾아보고 상대방에게 확인하는 작업을 반복한다.

☑ 공감소통 6단계: 공감 표현하기

공감을 하는 것도 중요하지만 공감을 표현하는 것 역시 중요하다. 아무리 상대방의 말에 공감을 해도 이를 말로 표현하지 않는 한 상대방은 상담자가 자신을 제대로 이해하고 있는지 알기 어렵다. 따라서 상담자는 상대방과의 대화 속에서 자신이 공감한 바를 능숙하게 표현할 수 있어야 한다. 공감적 표현은 크게 두 부분으로 나눌 수 있다. 상대방이 가졌을 법한 느낌, 감정, 동기, 행동 등을 말하는 부분과 그렇게 하게 된 이유와 근거를 들어 말하는 부분이다. 이 두 부분을 이어 보면, '~하니까, ~하는구나'라는 형식으로 표현된다. 이를테면 "친구가 갑자기 함부로 대해서, 무척 당황했다는 말이군요."라는 식이다. 그런데 이 두 부분 중에서 뒷부분, 즉 청담자의 느낌, 감정, 동기, 행동을 언급하는 부분이 대단히 중요하다.

공감적 표현의 뒷부분은 다시 두 가지 유형으로 나눌 수 있다. 하나는 상대방의 말 속에 표현된 느낌, 감정, 동기, 행동 등을 있는 그대로 잘 드러내 주는 말이고, 다른 하나는 한 걸음 더 나아가 그 속에 감춰져 있는 소망과 바람 등을 들추어내는 말이다. 이를 공감소통 제5단계와 관련지어 보면, 전자는 근본동기, 후자는 성장동기를 표현하는 말이라고 할 수 있다. 어쨌거나 전자를 기본 수준의 공감이라고 한다면 후자는 심화 수준의 공감이라고 말할 수 있다.

☑ ……

공중 나는 새를 보라

그러므로 내가 너희에게 이르노니

목숨을 위하여 무엇을 먹을까 무엇을 마실까

몸을 위하여 무엇을 입을까 염려하지 말라.

목숨이 음식보다 중하지 아니하며

몸이 의복보다 중하지 아니하냐.

공중의 새를 보라.

심지도 않고 거두지도 않고 창고에 모아들이지도 아니하되

너희 천부께서 기르시나니

너희는 이것들보다 귀하지 아니하냐.

너희 중에 누가 염려함으로 그 키를 한 자라도 더할 수 있겠느냐.

또 너희가 어찌 의복을 위하여 염려하느냐.

들의 백합화가 어떻게 자라는가 생각하여 보라.

수고도 아니하고 길쌈도 아니하느니라.

그러나 내가 너희에게 말하노니

솔로몬의 모든 영광으로도 입은 것이 이 꽃 하나만 같지 못하였느니라.

오늘 있다가 내일 아궁이에 던져지는 들풀도 하나님이 이렇게 입히

시거든

하물며 너희일까 보냐.

믿음이 작은 자들아!

그러므로 염려하여 이르기를

무엇을 먹을까 무엇을 마실까 무엇을 입을까 하지 말라.

이는 다 이방인들이 구하는 것이라.

너희 천부께서 이 모든 것이 너희에게 있어야 할 줄을 아시느니라.

그런즉 너희는 먼저 그의 나라와 그의 의를 구하라.

그리하면 이 모든 것을 너희에게 더하시리라.

그러므로 내일 일을 위하여 염려하지 말라.

내일 일은 내일 염려할 것이요 한 날의 괴로움은 그날로 족하니라.

출처: 마태복음 6장 25-34절.

생존과 적응을 위하여 그동안 제나는 열심히 자기 몫을 다해 왔다. 마음이 원하는 것을 이루기 위하여 일을 꾸미고 실패와 좌절을 반복하면서도 포기하지 않고 버텨 왔다. 그리하여 오늘의 '나'를 만들었다. 다른 이의 시선으로 보면 별 볼 일 없을지 몰라도 스스로 돌아보면 나름대로 '파란만장'한 역사를 살아왔다. 문제는 그것이 전부라고 알고 살았다는 데 있다. 마음의 움직임이 비롯되는 근본 자리를 알지 못한 채 현상적으로 드러난 자기가 전부인 줄 알고 거기에 모든 것을 퍼부은 삶이 문제다. 다시 말해 자신을 있음의 세계로 들어오게 한 얼나와 연결하는 것이 풍요로운 삶을 사는 근본 원리인데도 이를 외면하고 단순히 잘 먹고 잘 입고 잘사는 데 모든 시간과 에너지를 낭비하며 살아온 것이 문제라는 말이다. 마치 거지로 사는 왕자처럼, 부유한 아버지 집을 나가 먹을 것을 찾아 헤매는 탕자처럼, 엄청난 부를 소유하고 있으면서도 이를 누리지 못하고 불쌍하게 살아온 것이다. '나'라는 감옥을 만들어 대상 세계를 '나'와 분리시킨 다음, 그 대상 세계 속에 나를 위한 모든 좋은 것들이 들어 있다고 착각하고 이를 찾아내기 위해 고군분투하며 살아왔다는 말이다.

이렇게 된 데에는 '생각'의 역할이 크다. 잠시 그동안 생각이 나에게 해온 역할에 대해 생각해 보자(박성희, 2015).

"처음 나에게 전달된 생명은 그 속성을 따라 자연스럽게 움직였을 것이다. 아마 이때의 나는 아직 느끼기(feeling)도 생각하기(thinking)도 미처 발달하지 않은 감각(sensing) 덩어리였을 것이다. 그리하여 눈과 손을 비롯한 온몸으로 환경과 대상 세계를 접하면서 '감각'하게 되고, 감각에서 오는 '느낌'을 따라 외부 대상 세계에 대한 나만의 이미지를 만들어 갔을 것이다. 그러면서 점차 생존과 적응에 유리한 감각들은 좋은 느낌으로, 그리고 생존과 적응에 불리한 감각들은 나쁜 느낌으로 받아들였을 것이다. 아울러 좋은 느낌을 주는 대상과 감각 그리고 나쁜 느낌을 가져오는 감각과 대상을 구별할 줄 아는 '생각하는 기능'을 발전시키게 되었을 것이다. 처음에 어설프게 좋고 나쁨을 구별하고 평가하던 이 '생각하는 기능'은 경험이 되풀이되면서 점점 더 세련되어졌을 것이고, 점차 나의 생존과 적응을 보장하는 중심 기제로 자리를 잡아갔을 것이다. 그리고 생각하는 기능이 중요해지면서 생각하기는 단순히 감각과 느낌에 대한 구별과 평가를 하는 과정에 머물지 않고 점차 '생각(thought)'이라는 실체로 자리를 잡게 되었을 것이고, 이때부터 '나'는 생각 중심으로 구성되기 시작했을 것이다. 그러니까 생각하는 과정(thinking)과 생각하기의 결과물인 생각(thought)이 온통 '나'를 채우게 되었다는 말이다.

지금 이 '생각'은 너무나 자연스러워서 이것이 없는 '나'를 상상하는 것조차 어려울 정도로 깊숙이 나를 점령하고 있다. 지금도 내 머릿속에는 끊임없이 생각이 펼쳐지고 있다. 문제는 바로 여기 어디서쯤 발생한 것 같다. 처음에 미세하게 시작되었던 생각에 힘이 붙으면서 '나'의 존재 전체를 좌지우지하는 폭군으로 커져 버린 것이다. 생각이 과잉 작용을 하면서 결국 '나'가 생각에 따라 감각하고 느끼고 행동하는 생각의 포로가 되어 버렸다는 말이다. 한마디로 '나'가 '생각'이요, '생각'이 '나'가 되어 버린 것이다. 그리하여 생각 속에 들어앉은 '나'는 '나' 이외의 세계를 대상으로 만들어 버리는 이분법에 성공한다. 바깥세상은 말할 것도 없고 심지어 '나' 속에 있는 감각, 느낌, 마음까지도 대상으로 만들어 놓고, 그것들을 인식하는 '나'가 따로 있다고 착각하게 만든 것이다. 다른 모든 것들로부터 분리된 독립된 '나'가 형성된 것이다. 그리고 이 독립되어 홀로 선 '나'라는 생각은 분리된 몸을 가지고 있는 '나'에게 아무런 의심 없이 아주 자연스럽게 받아들여졌던 것이다. 그리하여 '나'는 생각을 선장으로 삼아 내 삶의 항해를 하고 있다. '큰 나'와 떨어진 채, 그리고 내가 속해 있던 전체에서 떨어져 나와 열심히 '생각'으로 만들어진 고독한 성을 쌓으면서……."

이제 생각을 제자리로 돌려놓고 얼나를 삶의 선장으로 삼아야 할 때가 되었다. 다만 그 전에 지금까지 '나'를 위해 혼신의 힘을 기울여 왔던 생각의 수고를 인정하고 위로할 필요가 있다. 생각을 앞세운 제나의 헌신과 희생 그리고 제나의 보호와 보살핌이 없었다면 아마 '나'는 만신창이가 되어 이미 없어졌을 수도 있다. 그러므로 지금까지 제나가 수행한 역할에 대해 정성스레 고마움을 표현하면서 제나를 떠나보낸다. 아울러 존재의 근원에 뿌리를 내리고 보다 풍요로운 미래를 살아가기 위해 삶의 방향을 전환하려는 혁명적 결단이 이어져야 한다.

◎ 전략 1: 제나에게 감사하기

☑ 살아 있음 자체에 감사하기

지금 살아 있다는 것 자체가 크게 감사할 일이다. 사는 게 몹시 힘들고 어려워도 지금 그렇게 생각하고 느끼는 것 자체가 살아 있기 때문에 가능하다. 살아 있지 않으면, 다시 말해 없음의 세계로 돌아가면 아무런 생각도 느낌도 일어나지 않는다. 따라서 힘듦과 어려움조차 살아 있기 때문에 누릴 수 있는 특권이다. 이렇게 생각하면서 자신과 자신이 가지고 있는 모든 소유 그리고 누릴 수 있는 모든 대상에 대해 감사 인사를 한다.

매 순간의 숨에 대해

몸에 대해

오감에 대해

가족에 대해

소유물에 대해

일어나는 사건들에 대해

……

☑ '생각'에게 감사하기

생각은 제나의 선장 노릇을 해왔다. 이 선장이 비록 탐 · 진 · 치의 원리에 따라 배를 잘못 운항하기는 했지만, 지금까지 배를 파손시키지 않고 몰아왔다는 사실 자체는 칭찬을 받아 마땅하다. 따라서 지금까지 선장 노릇을 해온 생각에게 아낌없는 박수를 쳐준다. 그리고 '문제가 있다'고 판단되는 그동안의 생각들이 사실은 그럴 수밖에 없는 상황과 맥락에 몰려서 불가피하게 전개된 것이라는 점을 인정해 준다. 세부적으로 문제가 된 생각들을 확인하여 지금까지의 노고를 인정해 주고, 다만 그 생각들이 이제는 더 이상 유효하지 않음을 선언한다.

편파적 구념에 대해

자동적 사고에 대해

역기능적 사고에 대해

비합리적 신념에 대해

······

☑ 제나와 이별식 거행하기

무엇이든 형식적인 예식을 갖춰 실행하면 더 실감이 나고 생생하게 기억된다. 제나와 이별하는 일에도 이를 적용한다. 지금까지 잘 버텨 왔다고 인정함과 동시에 제나와 헤어지는 장면을 특별한 예식을 통해 구체화함으로써 제나와의 작별을 공식화하는 전략이다.

상상으로 이별식 거행하기

실제로 절차를 정해 놓고 이별식 거행하기

다른 사람 앞에서 제나와의 이별을 공식 선포하기

······

☑ ······

◎ 전략 2: 삶의 기본 방향(패러다임) 전환하기

☑ '하기'에서 '있기'로 방향 바꾸기

제나를 따르던 삶은 무엇인가를 열심히 하는 것으로 가득하다. 마음의 욕구를 채우기 위해 항상 무엇인가를 찾고 행하기(doing)에 바쁘다. 반면, 얼나를 따르는 삶은 그대로 있기(being)에 충실하다. 무엇인가를 찾고 행하기 전에 마음을 고요히 가라앉히고 자신에게 집중하여 있음 그대로를 누리는 데 초점을 둔다.

☑ '외부'에서 '내부'로 방향 바꾸기

하기에서 있기로 방향을 바꾸면 관심의 초점 역시 외부적인 대상에서 자기 내면으로 바뀐다. 바깥에 있는 어떤 것을 향해 마음을 내고 그것을 차지하기 위해 힘을 쏟는 대신 자신의 내면에서 행복과 평안과 자유를 찾는다. 보물이 자기 안에 있다는 사실을 깨닫고 자기에게 집중한다.

☑ '분리'에서 '통합'으로 방향 바꾸기

제나를 따르는 삶은 철저히 자기중심적이다. 그리하여 외로운 섬처럼 다른 이들과 자신을 철저히 분리하며 산다. 그러나 외로운 섬도 물밑으로 다른 섬들과 연결되어 있는 것처럼 홀로 분리된 '나'는 없다. '나'는 '너'가 있어서 존재하고 늘 너와의 관계 속에서 형성되고 성장한다. 따라서 동체적 관계로서 '너'를 포용하고 존중한다.

☑ '습관적 행동'에서 '알아차림'으로 방향 바꾸기

제나는 목표지향적 삶을 강조한다. 그러다 보니 일상에서 일어나는 소소한 사건들을 무시하거나 습관적으로 처리할 때가 많다. 실존의 입장에서 보면 그만큼 마비된 채 시간을 낭비하는 셈이다. 알아차림은 마비 상태를 깨워 순간에 집중하게 하고 행위의 주인공이 자신임을 자각하게 한다. 그리하여 자기 삶의 주인공이 되어 '지금 여기'에 담겨 있는 풍요로움을 마음껏 누리는 삶을 허락한다.

☑ ……

◎ 전략 3: 얼나 지향적 삶을 결단하기

☑ 바르게 생각하기

이제 제나를 뒤로 하고 얼나를 향한 항해를 시작한다. 그 첫 번째가 얼나에 대한 확신을 갖는 일이다. 그러나 이 확신은 저절로 생기지 않는다. 삶에 대한 철학적 고민이 필요하다. 여기에서 중요한 역할을 하는 것이 바른 생각이다. 자기 존재의 시작인 있음에 대하여, 있음의 근원인 없음에 대하여, 있음과 없음의 관계에 대하여 진지하게 고민하고 생각을 정리하는 것이다. '나는 누구인가'와 관련된 이런 생각을 하기 위하여 굳이 철학 서적을 뒤적일 필요는 없다. 철학적 지식이 도움이 될 수는 있지만 결정적인 답을 제시해 주지는 않기 때문이다. 중요한 것은 자신의 머리로 곰곰이 따져 보고 부인할 수 없는 논리와 사실을 따라 얼나에 다가서는 것이다. 혜능을 비롯하여 일자무식이던 사람들이 깨달음을 얻은 수많은 사례는 얼나에 다가서는 일이 지식의 문제가 아니라는 점을 잘 드러내 준다.

☑ 체험으로 뒷받침하기

얼나에 대한 체험은 얼나에 대한 믿음을 확증해 줄 뿐 아니라 얼나의 실체성을 각인시키는 중요한 계기다. 구름 사이로 언뜻 비추는 빛처럼 사람들은 살아가면서 이따금 얼나 체험을 한다. 다만 그것이 얼나에서 비롯되는 것임을 알지 못하기 때문에 그냥 지나치고 만다. 얼나가 있음을 알게 되면 사정이 달라진다. 자신의 몸에 일어나는 특이한 감각, 행위하는 자신을 지켜보는 또 다른 눈길, 어제와 전혀 다르게 지각되는 주변 세계 등등 신비한 체험이 얼나에서 비롯된 것임을 알아채기 시작한다. 그리고 알아챔이 반복되면서 점차 일상에서 벌어지는 아주 작은 일에서부터 신비체험에 이르기까지 얼나가 관여하지 않는 곳이 없음을 알게 된다. 그리하여 체험 → 생각 → 체험 → 생각으로 이어지는 순환 고리를 반복하면서 얼나를 누리는 삶 속으로 깊이 빠져들어 간다.

☑ 마음자리 이동하기

얼나의 정체를 알아채고 얼나에 따라 살아가려고 결단을 해도 순간순간 과거의 습관과 제나의 간섭을 떨쳐내기가 쉽지 않다. 아주 오랫동안 아주 심하게 제나가 마음을 차지하고 있었던 탓이다. 따라서 제나의 자리에서 얼나의 자리로 마음을 이동하는 훈련이 필수적이다. 제나에 머물면서 마음을 편안히 먹기 위해 온갖 수고를 다하는 대신 얼나의 자리로 성큼 걸어 들어가는 연습을 한다는 말이다. 이 연습은 기왕에 해오던 제나의 노력과는 차이가 있다. 무엇인가를 따로 행하는 것이 아니라 그냥 마음자리만 얼나로 옮기는 것이기 때문이다. 이렇게 하면 마음이 얼나로 채워지면서 거기에 담겨 있는 평안함과 자유로움 그리고 치유와 성장으로 이끄는 엄청난 힘을 누릴 수 있다.

☑ ……

제나의 정체 드러내기

Ⅲ 제나의 정체 드러내기

　얼나의 본질은 없음(無) 또는 비어 있음(空), 즉 빔이다. 그러나 이 없음과 빔은 그 안에 오묘한 작용과 기능을 간직하고 있다. 그래서 이를 일러 '없으면서 있음(眞空妙有)' '텅 비어 있으면서 알아차림(空寂靈智)' '비어 있으면서 밝게 앎(虛靈明覺)'이라고 일컫는다. 이 없음과 빔은 우리 존재의 기반이요, 현상적 삶을 풍요롭게 이어가게 하는 동력이지만 이를 스스로 알아차리고 제대로 활용하지 않는 한 항상 '가능성'으로 뒷전에 밀려 있을 수밖에 없다. 얼나 상담은 뒷전에 밀려 있던 이 '가능성'을 전면으로 내세워 삶의 현장에서 생생하게 작용하는 생활의 원리와 방법으로 누릴 수 있게 돕는 상담이다.

　얼나 상담은 크게 두 가지 방향으로 이루어질 수 있다. 첫째는 얼나(진정한 없음 또는 빔)를 가리고 있는 가리개를 벗겨 냄으로써 얼나의 존재를 분명하게 드러내는 방법이다. 앞에서도 여러 번 설명했지만, 이치를 따져 보면 얼나의 존재가 뚜렷할 뿐 아니라 움직일 때나 머물 때나 서 있을 때나 누워 있을 때나 우리와 늘 함께 하고 있음에도 불구하고 우리는 대부분 얼나를 알아차리지 못하고 살아간다. 이렇게 된 가장 큰 원인은 몸나와 몸나의 원리를 따르는 맘나, 즉 제나에 있다. 우리가 가진 몸, 그리고 그 안에서 자기중심적으로 돌아가는 우리의 마음이 두꺼운 먹장처럼 얼나를 가리고 있기 때문이다. 따라서 제나의 정체를 밝혀서 먹장을 걷어내는 일은 그것 자체로 의미가 있다. 먹구름이 걷히면 가려졌던 태양이 드러나듯 제나에 대한 집착이 사라지며 얼나는 저절로 드러나게 돼 있다.

얼나 상담 ⟶ 제나의 정체 드러내기
　　　　↘ [얼나에 접속하기
　　　　　 얼나 따르기

　그러나 여기서 우리가 찾는 얼나가 보물과 같은 어떤 실체가 아니라는 점을 명심할 필요가 있다. 우리가 찾는 얼나는 없음이요, 빔이다. 없음과 빔은 분명히 존재하는 것으로되 실체로 존재하는 것은 아니다. 다시 말해 있으면서 없고 없으면서 있는 것이어서 그것의 실체성을 어떻게도 규정할 수 없다. 얼나는 우리 생각, 감정과 오감을 넘어서 있는 것이므로 어떤 감각, 느낌, 생각으로 알아낼 수 있는 그런 대상이 아니다. 그렇다고 기이하고 특별한 체험으로 알 수 있는 것도 아니다. 다만 제나를 내려놓아 마음이 텅 비어 있을 때 비로소 알아차릴 수 있는 오묘한 작용일 뿐이다. 그러므로 얼나를 찾겠다는 굳은 각오와 결의는 일찌감치 버리는 것이 좋다.

제나라는 가리개를 벗긴다는 말을 자칫 마음의 구성 요소와 기능들을 정지시키고 부정하자는 뜻으로 잘못 받아들여서는 곤란하다. 우리의 몸, 생각, 감정, 오감, 의지, 행동 등은 우리로 하여금 세상을 살아갈 수 있게 하는 필수불가결한 수단이며 목표다. 몸이 있어서 우리는 세상을 감각하고 세상과 교류할 뿐 아니라 몸의 안녕과 풍성을 위해 여러 가지 활동을 한다. 또한 생각이 있어서 우리는 이치에 합당하게 삶을 조직하고 체계적인 지식을 축적해 갈 뿐 아니라 생각을 치밀하게 갈고 닦기 위해 배우고 수련한다. 나머지 요소들도 마찬가지다. 따라서 제나의 정체를 드러내는 일이 마음의 구성 요소와 기능 자체를 부정하는 것이 아님은 말할 것도 없다. 이를 부정하는 것은 생생한 현실속의 삶을 부정하는 것과 마찬가지다. 다만 제나, 다시 말해 탐 · 진 · 치로 마음이 채워지고 그 원리를 따라 마음이 움직일 때 얼나는 항상 뒷전에 밀려 있을 수밖에 없다는 사실, 그리고 탐 · 진 · 치를 따르는 제나의 삶은 우리를 평안, 행복, 자유로 이끌 수 없다는 사실을 지적하는 것이다. 얼나를 따르는 마음, 즉 숫나 역시 생각과 감정 및 오감으로 표현될 따름이다.

얼나를 가리고 있는 가리개, 즉 제나의 정체를 드러내고 벗겨내기 위한 원리와 전략들은 다양하게 구상해 볼 수 있다. 지금 여기서는 필자의 머릿속에 떠오르는 원리와 전략들을 정리할 것이다. 이 중에는 실험을 통해 효과가 검증된 내용과 검증되지 않은 내용들이 섞여 있다. 앞으로도 새로운 원리와 전략을 발굴하고 동시에 이들의 효과를 삶의 현실 속에서 검증하는 작업이 계속 이어지기를 기대한다.

그대는 누구인가

나가세나라는 유명한 스님이 밀린다 왕을 만나게 되었다. 왕이 먼저 그의 이름을 묻는다.

나가세나: "왕이시여, 저는 나가세나로 알려져 있습니다만, 이 나가세나
라는 이름은 이름에 지나지 않고 거기에 인격적 실체는 없습
니다."
밀린다 왕: (놀라면서) "그럼 나가세나로 불리는 존재는 도대체 누구인가
요? 머리카락이 나가세나인가요?"
나가세나: "대왕이여! 그렇지 않습니다."
밀린다 왕: "몸의 털들이 나가세나인가요?"
나가세나: "대왕이여! 그렇지 않습니다."
밀린다 왕: "발톱이 나가세나인가요?"
나가세나: "대왕이여! 그렇지 않습니다."

왕은 이, 피부, 근육, 털 등등 신체를 구성하는 온갖 부위 하나하나를 들어가며 따져 묻지만 나가세나는 계속해서 부정을 한다. 이어서 왕은 물질적인 육체, 지각과 느낌, 생각과 표상, 욕구와 의지, 마음과 의식 중 어느 것이 나가세나냐고 묻지만 나가세나는 역시 부정한다. 왕은 끝내 나가세나라고 단정할 근거를 찾아내지 못하자 마침내 나가세나가 거짓말을 한다고 비난한다. 이에 나가세나가 반론을 시작한다. 먼저 왕이

걸어서 왔는가, 무엇을 타고 왔는가를 묻고 왕이 수레를 타고 왔다고 대답하자 다음과 같이 문답을 이어 나간다.

나가세나: "대왕이여! 만약에 수레를 타고 오셨다면 무엇이 수레인지를
　　　　　 나에게 일러주시지 않겠습니까? 대왕이여! 수레의 채가 수레
　　　　　 인가요?"

밀린다 왕: "스님! 그렇지 않습니다."

나가세나: "수레의 축이 수레인가요?"

밀린다 왕: "스님! 그렇지 않습니다."

나가세나: "바퀴가 수레인가요?"

밀린다 왕: "스님! 그렇지 않습니다."

이런 식으로 나가세나는 수레가 멍에인가, 바퀴인가, 채찍인가 하고 따져 묻지만 왕은 계속 부정한다.

나가세나: "대왕이여! 나는 대왕께 몇 번씩이나 물어 보았지만 수레를 확인할 수가 없습니다. 대왕이여! 수레란 단순히 말에 불과한 것일까요? 그렇다면 수레는 무엇일까요? 대왕께서는 수레는 없다고 대답하여 진실이 아닌 거짓말을 한 것입니다."

나가세나는 왕의 논법을 그대로 따라 왕에게 반격을 가한다. 그리하여 왕으로 하여금 채와 축과 기타 다른 구조물들에 의존해서 수레라는 명칭이 생겨난다는 점을 인정하지 않을 수 없게 한다. 마찬가지 논리로 나가세나는 신체의 구성 부분에 의해서 나가세나라는 이름이 생기며, 인격적 실체는 존재하지 않는다는 대답을 유도해 낸다.

출처: 지안스님(2004).

◎ 전략 1

제나의 구성 요소 중 하나를 선정하여 다른 무엇과도 관계없는 그것만의 독자적 실체성이 있는지 찾아본다. 만일 그런 것이 없다면 그것이 다른 어떤 것들과 연관되어 있는지, 그리고 처음 것과 연관된 그것은 다시 또 어떤 것들과 연관되어 있는지 계속 찾아본다.

☑ 제나의 마음에서 벌어지는 일을 종이에 기록을 하거나 또는 화살 표를 활용한 마인드맵으로 그림을 그려 본다.

📋 제나의 구성요소: 생각(사람은 가치롭게 살아야 돼)

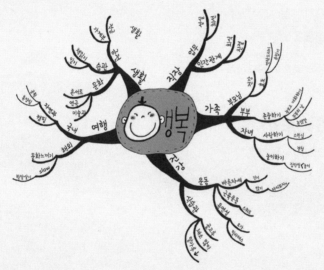

생각 연습 자료

㉠ 내가 설정한 인생 목표는 꼭 달성해야 해.

㉡ 사랑은 내가 버릴 수 없는 최후의 가치야.

㉢ 무엇보다 가장 소중한 건 가정이지.

㉣ 적어도 남보다 잘 하는 거 하나는 있어야지.

㉤ ……

감정 연습 자료

㉮ 나의 슬픔

㉯ 나의 기쁨

㉰ 나의 분노

㉱ 나의 짜증

㉲ ……

의지 연습 자료

㉮ 나는 아버지와 다르게 살 거야.

㉯ 다시는 실수하지 말아야지.

㉰ 남에게 지지 말아야지.

㉱ 규칙적으로 생활하자.

㉲ ……

행동 연습 자료

㉮ 말조심하는 행동

㉯ 공손한 행동

㉰ 질서를 지키는 행동

㉱ 깔끔한 행동

㉲ ……

☑ 케빈 베이컨의 6단계 법칙을 따라 모든 사람이 상호 연결되어 있음을 확인한다.

나와 유명 연예인이 몇 단계를 거치면 아는 사이인지 따져 본다.

전혀 알지 못하는 두 사람이 몇 단계를 거치면 아는 사이인지 따져 본다.

……

☑ 자기 존재가 아주 임의적이며 우연적인 계기들로 인해 형성되었다는 사실을 시간을 거슬러 올라가며 추적해 본다. 부모님이 만나게 된 사연, 연애과정 등을 들어보면서 그때 벌어졌던 여러 사건들이 현재 자기와 연관되어 있음을 확인하는 것도 한 방법이다.

두 분은 젊었을 때 '백조 다방'에서 선을 보고 결혼하셨어. 아버지는 그 백조 다방의 아름다운 조명 아래서 어머니가 그렇게 예뻐 보일 수가 없었고, 그래서 결혼하기로 마음먹었다고 말씀하시곤 했지. 그런데 아버지는 나중에 비밀을 하나 털어놓으셨어. 막상 밝은 햇빛 아래서는 어머니에게 그때와 같은 느낌을 받을 수가 없었다는 거야. 쉽게 이야기하면 아버지는 어머니의 조명발 미모에 넘어가신 셈이야. 정말 그렇다면 백조 다방의 조명은 두 분의 결혼에 결정적인 역할을 한 것이지. 여기서 한번 상상해 보자. 왜 그때 백조다방의 조명이 그렇게 멋졌던 걸까? 아마 다방 여주인이 바로 얼마 전에 조명 시설을 다시 했을 거야. 그런데 하필이면 두 분이 선보는 그 시기에 조명 시설을 했을까? 다방 여주인이 옛날에 친구에게 꾸어준 돈을 마침 그때에 돌려받아서일지 몰라. 그러면 다방 여주인의 친구는 빌려 간 돈을 빨리 갚지 않고 왜 그때야 돌려 주었을까? 그 친구는 남편 사업에 필요한 돈을 빌렸던 것인데, 남편 사업이 잘 되지 않아 그동안 돈을 갚지 못했지. 그러다가 마침 그때 남편 사업이 잘되기 시작해서 먼저 친구에게 빌린 돈부터 갚았던 거야. 돈 받는 걸 포기했던 다방 여주인은 돈을 돌려받은 것이 정말 기뻐서, 오랫동안 바꾸려고 생각만 했던 낡은 조명을 그때 바꾸어 버렸어. 그래서 새롭게 단장한 조명 아래서 우리 아버지와 어머니가 선을 봤고, '운명처럼' 두 분은 서로에게 호감을 느껴서 결혼하신 거지. 그래서 내가 태어났고, 내가 태어났기에 여러분이 지금 이 책을 읽을 수 있는 거야. 그러면 지금 여러분이 내 글을 읽는 것과 백조 다방 여주인 친구 남편의 사업은 어떤 관계가 있을까? 얼핏 생각하면 아무 관계도 없는 것 같지. 그렇지만 백조 다방 여주인 친구 남편의 사업이 그때에 잘되지 않았다면 백조 다방의 멋진 조명은 없었을 테고, 멋진 조명이 없었다면 우리 아버지와 어머니는 결혼하지 않았을지도 몰라. 그러면 나도 태어나지 못했을 거고, 내가 태어나지 못했으니 여러분이 내 글을 읽을 수 없었을 거야. 이렇게 보면 여러분이 지금 내 글을 읽는 것과 백조 다방 여주인 친구 남편의 사업은 대단히 밀접한 관계가 있는 거야(김제란, 2007, pp. 42-43).

☑ ......

◎ 전략 2

제나가 대상으로 삼아 지각하고 인식하는 세상의 모든 물질 역시 관계망 속에 얽혀 있음을 확인한다.

☑ 존재의 절대성을 부인하고 관계성과 상호성을 강조하는 양자역학 이론의 핵심 내용을 찾아본다.

\# 데빗 봄의 비국소성 원리

\# 아인슈타인의 상대성 원리

\# 보어의 상보성 원리

\# ......

☑ 세상의 모든 물질을 구성하는 최소 기본 단위에서부터 거대한 우주에 이르기까지 모두가 '관계'에 얽혀 있음을 확인한다.

\# 소립자

\# 자동차

\# 은하계

\# ······

☑ 생태계 구성 요소들의 관계성과 상호의존성을 알아본다.

\# 호주의 붉은 여우

\# 한국에 수입된 황소개구리

\# 봄에 발생하는 한국의 미세먼지

\# ······

☑ 나비 효과를 통해 행위의 관계성을 알아본다.

"제주도에서 나비 한 마리가 나무 옆을 살랑살랑 날고 있었다. 나비의 황홀한 날갯짓에 정신이 팔린 작은 벌레 한 마리가 나무에서 미끄러졌는데, 마침 그 밑을 지나던 조랑말 등에 떨어졌다. 벌레 때문에 등이 가려워진 조랑말은 꼬리를 휘둘러 벌레를 떨어뜨리려 했다. 하지만 벌레는 쉽게 떨어지지 않았고, 대신 돌담 위의 작은 돌 하나가 꼬리에 맞아 길 옆의 시냇물 위로 날아갔다. 그곳은 썩은 나무들로 시내가 막혀서 작은 여울이 생긴 곳이었는데, 돌이 바로 그 위에 떨어진 것이다. 여울을 만들던 나뭇가지들이 한꺼번에 쏟아져 내렸고, 그 바람에 둔치에 있던 자갈들이 쏟아져 개울의 방향을 바꾸고, 산에 쌓여 있던 돌들이 바닷속으로 쏟아져 들어가면서 먼 남해 바다 속까지 자갈사태가 일어났다. 자갈들이 먼 남해 바다 속의 오래된 휴화산의 증기 구멍을 막았다. 그러자 더 먼바다 속의 거대한 휴화산이 폭발을 일으켰다. 화산 대폭발로 엄청난 양의 마그마와 화산재가 바다 위를 뒤덮었다. 화산재는 햇빛을 차단하고 공기의 흐름을 바꾸어 커다란 기압차를 일으켰으며, 더운 바다 공기와 부딪히면서 무서운 폭풍을 일으켰다[한국과학기술정보연구원(KISTI), 2005, pp. 130-134]."

☑ ······

✺ 원리 2: 제나의 무상성과 한시성 드러내기

인생무상

아우렐리우스

시간은 일종의 지나가는 사람들의
강물이며 그 물살은 세다.

그리하여 어떤 사물이 나타났는가 하면
금방 지나가 버리고 다른 것이
그 자리를 대신 차지한다.

새로 등장한 것도 또한
곧 사라져 버리고 말 것이다.

인간이란 얼마나 무상하며

하찮은 것인가.

눈여겨보라.

어제까지만 해도 태아이던 것이

내일이면 뻣뻣한 시체나

한 줌의 재가 되어 버리니

네 몫으로 할당된 시간이란

그토록 짧은 것이니 이치에

맞게 살다가 즐겁게 죽어라.

마치 올리브 열매가 자기를 낳은 계절과

자기를 키워 준 나무로부터 떨어지듯이…….

◎ 전략 1

몸과 외모의 변화를 관찰하며 지금의 자기 모습이 영원하지 않다는 사실을 인식한다.

☑ 할머니, 할아버지(또는 나이가 많이 든 유명 연예인)의 얼굴 사진을 찾아 시간 순으로 배열해 놓고 변화를 살펴본다.

☑ 탈각 또는 탈피를 하며 변해 가는 생물의 생장과정을 살펴본다.

☑ 성장과정의 역순으로 전개되는 영화를 시청하며 외모의 변화를 관찰한다.

☑ ……

◎ 전략 2

전혀 변할 것 같지 않은 신념이나 생각도 시간이 지남에 따라 달라지는 것을 확인한다.

☑ 역사에서 변절자, 배신자(이광수, 가롯유다, 제바닷타 등)로 낙인찍힌 유명 인사들의 생애를 찾아본다.

☑ 나이가 들어가면서 부모님에 대한 자신의 태도 변화의 과정을 되돌아본다.

☑ 장래 희망하는 직업이 어떻게 변해 왔는지 되돌아본다.

☑ ……

◎ 전략 3

감정 역시 시간이 지남에 따라 달라지는 것을 확인한다.

☑ 사랑과 이별을 노래하는 대중가요에서 감정의 무상함을 찾아본다.

☑ 분노가 최고조에 달한 순간을 기점으로 삼고, 5분 간격으로 분노의 강도가 어떻게 달라지는지 관찰한다.

☑ 아내 또는 남편에 대한 자신의 감정이 세월을 따라 어떻게 변해 왔는지 추적한다.

☑ ……

◎ 전략 4

친밀한 인간관계가 시간이 지남에 따라 달라지는 것을 확인한다.

☑ 죽을 만큼 사랑하여 결혼을 하고서도 이혼으로 관계를 끝내는 부부 사례를 찾아본다.

☑ 영원한 우정을 맹세했던 친구가 불구대천의 원수로 바뀐 사례(폼페이우스와 슬피키우스의 예화), 잭팟이 터져 깨진 우정(73세의 무파박 아타머와 79세의 프랭크 세바스키 등)을 찾아본다.

☑ 자신의 내면에 가장 깊은 상처를 남긴 사람이 자신과 얼마나 가까운 사람인지 친밀도를 따져 본다.

☑ ……

◎ 전략 5

마음의 변화무쌍함을 나타내는 속담이나 격언을 모아 본다.

☑ 작심삼일. 화장실에 갈 때 마음 다르고 나올 때 마음 다르다. 자리가 사람을 만든다.

☑ ……

사랑의 증세

로버트 그레이브스

사랑은 온몸으로 퍼지는 편두통

이성을 흐리게 하며

시야를 가리는 찬란한 얼룩.

진정한 사랑의 증세는

몸이 여위고, 질투를 하고,

늦은 새벽을 맞이하는 것.

예감과 악몽 또한 사랑의 증상.

노트 소리에 귀를 기울이고

무언가 징표를 기다리는……

용기를 가져라, 사랑에 빠진 이여!

그녀의 손이 아니라면

그대 어찌 그 비통함을 견딜 수 있으랴?

◎ 전략 1

몸의 변화가 자신의 의식과 상관없이 저절로 진행된다는 사실을 확인한다.

☑ 자율적으로 진행되는 몸의 신진대사과정을 확인해 본다.

☑ 불면증에 시달리는 날에 일어나지 말고 끝까지 침대에 누워 잠을
자려고 애써 본다.

☑ 자신을 몹시 아프게 하던 몸의 상처가 어느 날 자기도 모르게 사
라진 경험을 헤아린다.

☑ ……

◎ 전략 2

자신이 생각에 얼마나 오래 집중할 수 있는지, 또한 생각이 얼마나 제멋
대로 굴러가는지 측정해 본다.

☑ 한 가지 생각(예를 들어, 우정)을 떠올리고 그 생각에 집중해 머물
러 있을 수 있는 시간을 시계로 재 본다.

☑ 절대 코끼리에 대해 생각하지 않겠다고 다짐하고 1분 동안 생각
을 전개해 본다.

☑ 생각을 말자고 다짐하던 그 생각이 자꾸 떠올라 괴로워하던 경험
을 기억해 낸다.

☑ ……

◎ 전략 3

감정이 얼마나 변화무쌍한지, 또한 감정이 얼마나 제멋대로 굴러가는지 확인해 본다.

☑ 오늘 아침에 일어나 밤에 잠들 때까지 얼마나 많은 감정이 자기에게 일어났는지 헤아려 본다.

☑ 상대방에게 사랑의 감정이 일어날 때 이를 의도적으로 미워하는 감정으로 바꾸어 보라.

☑ 불안 또는 우울과 같은 부정적 감정을 불러내고, 그 감정에 얼마나 오래 머물러 있을 수 있는지 시간을 재 본다.

☑ ……

이 밖에 제나의 연기성, 무상성, 통제불능성을 바탕으로 제나에 대한 집착을 내려놓을 창의적인 원리와 전략들을 구상해 볼 수 있다.

✪ 원리 4: 제나의 동일시 대상 알아차리기

돼지 눈에는 돼지만 보인다

이성계는 어느 날 무학대사와 자리를 같이해 농을 즐기고 있었다. 태조가 "당신은 어찌 그리 돼지같이 생겼소." 하니 무학대사 왈, "전하께서는 어찌 그리 부처님같이 생기셨소." "허허허, 대사! 나는 대사더러 돼지라고 욕을 했는데 아니 나더러는 부처라 하니 도대체 나의 어디가 부처같이 생겼소." 이때 대사께선 좀 송구스런듯이 다음과 같이 일갈을 했다. "돼지의 눈으로 보면 모든 것이 다 돼지같이 보이고 부처의 눈으로 보면 다 부처로 보이는 것입니다."

자신에게서 어떤 의지, 감정, 행동이 일어날 때 우리는 자동적으로 그 대상이 되는 객체와 같은 위치와 수준에서 맞상대한다. 이때 우리는 순간적으로 그 객체와 자기를 동일시하는 생각을 전개하고 있는데, 객체와 동일시하는 이 생각을 명확하게 드러냄으로써 제나에서 벗어날 수 있는 단서를 얻을 수 있다.

◎ 전략 1

어떤 판단이나 의지가 일어날 때 제나가 이들의 배후에서 일어나는 생각과 동일시하고 있음을 알아차린다.

☑ 요즘 판사들은 너무 우편향적인 판결을 하는군. → 정치 성향과 동일시

☑ 이 사람보다는 저 사람이 더 진실하군. → 진실성과 동일시

☑ 저 애들이 나만 따돌리네. → 따돌림과 동일시

☑ 이 마나님이 늦게 들어왔다고 잔소리가 심하네. 그냥 있으면 안 되겠어. → 잔소리와 동일시

☑ 나를 바보 취급하는군. 대책을 세워야겠어. → 바보와 동일시

☑ ……

◎ 전략 2

감정이 일어날 때 제나가 감정을 일으키는 생각과 동일시하고 있음을 알아차린다. 이 전략은 부정적 감정, 특히 분노가 치솟을 경우에 유용하게 활용할 수 있다.

☑ 가을 하늘을 날아가는 외기러기를 보니 슬프다. → 외기러기와 동일시

☑ 예배 시간에 갑자기 소리를 지를까봐 불안하다. → 소리와 동일시

☑ 손을 닦지 않아 몹시 불안하다. → 손과 동일시

☑ 내 말을 들어줄 친구가 하나도 없어서 우울하다. → 말친구와 동일시

☑ 앞차가 끼어들기를 해서 화가 난다. → 차와 동일시

☑ 원치도 않는데 시어머니가 냉장고를 채워 주니 짜증이 난다. → 냉장고와 동일시

☑ 빌려준 돈을 제때 돌려주지 않는 친구에게 화가 난다. → 돈과 동일시

☑ ……

◎ 전략 3

행동이 일어날 때 제나가 행동을 일으키는 생각과 동일시하고 있음을 알아차린다.

- ☑ 제멋대로 행동하는 애들을 보면 욕설이 튀어나온다. → 애들과 동일시

- ☑ 어른 앞에 서면 괜히 주눅이 든다. → 야단치는 어른과 동일시

- ☑ 여러 사람 앞에서 발표할 때 말을 더듬는다. → 대중의 시선과 동일시

- ☑ 싫어하는 직장 상사를 만나면 고개를 돌려 버린다. → 직장 상사와 동일시

- ☑ 얼굴을 더 예쁘게 만들기 위해 수시로 거울을 들여다본다. → 얼굴과 동일시

- ☑ ……

❂ 원리 5: 제나 만들어 보기

벌레 되어 보기

어느 날 아침 그레고르 잠자가 불안한 꿈에서 깨어났을 때 그는 침대 속에서 한 마리의 흉측한 갑충으로 변해 있는 자신의 모습을 발견했다. 그는 철갑처럼 단단한 등껍질을 등에 대고 누워 있었다. 머리를 약간 쳐들어 보니 불룩하게 솟은 갈색의 배가 보였고, 그 배는 다시 활 모양으로 휜 각질의 칸들로 나뉘어 있었다. 이불은 금방이라도 주르륵 미끄러질 듯 둥그런 언덕 같은 배 위에 가까스로 덮여 있었다. 몸뚱이에 비해 형편없이 가느다란 수많은 다리들은 애처롭게 버둥거리며 그의 눈앞에서 어른거렸다.

출처: 카프카의 『변신』에서 발췌.

원리 4는 제나가 일상적으로 채용하는 동일시 대상을 드러내는 과정이라면, 원리 5는 적극적으로 제나와 동일시 대상을 합일시키는 과정이다. 다양한 대상과 하나 되는 경험을 통해서 제나는 현재 자기 모습이 '우연적'이라는 사실, 제나가 고정된 경계를 가진 실체가 아니라는 사실, 환경과 계기가 주어지면 얼마든지 제나가 다른 모습으로 변화할 수 있다는 사실을 체험하게 될 것이다. 이 훈련의 목표는 제나의 실체성에 대한 환상을 내려놓는 것이지만, 다양한 존재가 되어 보면서 부수적으로 현재보다 편안하고 효율적인 다른 모습의 제나로 살아갈 수 있다는 통찰을 얻을 수도 있다.

◎ 전략 1

다른 몸이 되어 그 몸으로 살아본다. 단순히 흉내 내는 데서 그치지 않고 적극적으로 그 몸이 되도록 한다. 몸의 일부가 되었다가 그 몸의 전체가 되었다가 또 그 몸으로 움직이는 다양한 행동을 반복한다. 충분히 그 몸이 되었다고 여겨질 때까지 계속한다.

☑ 우주를 구성하는 궁극적인 입자 되어 보기

☑ 나무 되어 보기(예 소나무, 갈대, 망그로브…)

☑ 곤충 되어 보기(예 장수벌레, 하늘소, 애벌레…)

☑ 동물 되어 보기(예 고양이, 개, 코끼리, 사자, 코뿔소…)

☑ 다른 성 되어 보기

☑ 어린이 되어 보기

☑ 장애인 되어 보기(◙ 시각장애, 청각장애, 뇌성마비…)

☑ ……

◎ 전략 2

다른 사람이 되어 그 사람과 같은 생각, 같은 감정, 같은 행동을 하려고 노력하며 살아본다. 이 역시 단순히 모방하는 데서 그치지 않고, 적극적으로 그 사람과 동일시하여 같은 심리 상태에 이를 수 있게 한다.

☑ 같은 생각 되어 보기

\# 햄릿의 고민

\# 정치인의 생각(◙ 트럼프, 문재인)

\# 잘못을 야단치는 부모의 생각

\# 부모의 지시에 엇나가는 자녀의 생각

\# ……

☑ 같은 감정 되어 보기

\# 위급한 상황에 처한 사람의 감정(◙ 세월호 침몰을 겪고 있는 학생)

\# 살아있는 자의 슬픔(◙ 세월호 사고로 사망한 학생의 학부모)

\# 검찰의 포토라인에 선 사람의 억울함(◙ 박근혜, 이명박)

\# 올림픽 시상대 위에 선 선수의 기쁨(◙ 김연아, 손연재)

\# 성추행을 당한 여성의 분노

\# ……

☑ 같은 행동 되어 보기(해 보기)

\# 상대방을 고려하지 않고 막말을 내뱉는 행동

\# 혼자 밥 먹고 혼자 술 먹는 행동

홀로 노래방에 가서 노래 부르는 행동

이성에게 다가가 어색하게 말을 붙여 보려는 행동

……

☑ ……

◎ 전략 3

고정역할을 정하고 최소 한 달 이상 철저하게 그 고정역할에 따른 삶을 살아간다. 이 전략은 '가상인'을 하나 설정하고 일정 기간 동안 마치 그 사람이 된 것처럼 생각, 감정, 의지, 행동 등 모든 측면에서 그와 동일하게 살아가도록 하는 방법이다. 이 전략이 제대로 수행되려면 고정역할을 아주 미세한 부분부터 큰 부분까지 섬세하고 치밀하게 짜야 한다. 이를테면 아침에 잠에서 깨면서 하는 첫 번째 행동, 즉 칫솔질하는 습관 등 작은 것에서부터 가치관, 삶의 목표 등 인생철학에 이르기까지 역할들이 구체화되어야 한다. 또한 정해진 고정역할을 수행하기 이전에 충분한 예비 연습이 필요하다. 이를 위해 고정역할을 대본으로 만들어 두는 것이 바람직하다. 실제 '사람'이 고정역할로 활용될 수도 있는데, 이런 경우 그의 일상생활에 대한 정보가 풍부해야 한다(이 전략은 켈리가 제안한 고정역할시연에서 따온 것이다).

☑ 평안과 행복을 누리며 자유를 만끽하는 사람

☑ 불안과 우울에 시달리며 괴롭게 살아가는 사람

☑ 인간관계에 탁월한 재능을 보이는 사람

☑ 창의성이 뛰어난 사람

☑ ……

✪ 원리 6: 제나의 정체 파악하기

꿈

이광수

봄날 새벽 낙산사, 아침 예불을 마치고 동구 앞까지 청소를 하는 조신과 평복 앞에 용선화상이 나타나 오늘 태수의 행차가 있으니 조심하라고 엄명을 내린다. 조신은 세달사에서 태수의 딸 달례의 청으로 꽃을 꺾어 준 인연이 떠올라 번민을 한다. 달례가 시집을 간다는 사실을 알게 된 조신은 용선화상을 찾아가 달례와 인연을 맺게 해 달라고 간청하지만 그는 법당에 들어가 부를 때까지 나오지 말고 기도 드릴 것을 명한다.

조신은 법당에 들어가 염불을 외우는데 문득 문을 두드리는 소리에 보니 달례가 찾아왔다. 그녀는 꽃을 받은 후에 조신을 사모해 왔다며, 단둘이 도망갈 것을 제안한다. 잠시 망설이던 조신은 보화가 든 달례의 보퉁이를 들고 도망을 친 후 그녀와 2남 2녀를 낳아 행복한 생활을 영위한다.

　　이럴 즈음 평목이 나타나 혼자만 재미있게 사느냐며 조신에게 그의 둘째 딸을 달라고 한다. 조신은 그가 자신의 행복을 파괴한다는 생각에 그를 죽여 동굴 속에 버린다. 이때 달례의 약혼자였던 모례가 태수와 사냥을 오게 되어 조신이 그 안내를 맡는다. 마침 모례가 쏜 화살을 맞은 사슴이 동굴로 들어가는 바람에 평목의 시체가 발견되고 조신은 그 범인으로 지목되어 교수형을 당한다. 조신은 목이 매이면서 살려달라고 고함을 치는데, 누군가가 엉덩이를 차는 바람에 눈을 뜨니 용선화상과 관음보살이 미소를 짓고 있다. 달례와 벌였던 모든 일은 한바탕 꿈!

사람들은 매일 밤 꿈을 꾼다. 그런데 이 꿈은 여러 가지 측면에서 탐·진·치의 원리에 따라 움직이는 제나와 닮아 있다. 생각, 감정, 의지, 오감 등이 공히 작동한다는 점, 수시로 변하고 바뀌는 점, 깨어날 때 흔적도 없이 사라진다는 점 등이 그렇다. 따라서 꿈과 제나의 유사성을 확인하면서 제나 역시 꿈처럼 실체가 없는 허상이라는 사실에 초점을 맞춘다.

◎ **전략 1**

꿈속의 모든 장면은 자기가 만들어 낸 것이다. 다시 말해 꿈속에 등장하는 다른 사람들과 사물들은 자기와 '다른' 존재가 아니라 자기의 마음이 만들어 낸 구성물로서 자기의 일부다. 마찬가지로 마음이 현실에서 보는 다른 사람들과 사물들도 사실은 자기와 '다른' 존재가 아니라 자기의 마음이 만들어 낸 구성물이며 자기의 일부다. 꿈속에서 보는 나와 너가 모두 '나'라는 하나에 묶이는 것처럼 현실에서 보는 나와 너 역시 깨어서 보면 '나'라는 하나에 묶인 것이다. 꿈에서 깨서 현실로 돌아올 때 이 사실이 분명해지는 것처럼, 현상계(제나)에서 깨어 절대계(얼나)로 돌아올 때 이 사실이 분명해진다.

☑ 꿈에 나타난 호랑이가 진짜 호랑이가 아니라 나의 창조물인 것처럼, 현실 세계에서 경험하는 두려움 역시 진짜 두려움이 아니라 마음의 창조물일 따름이다. 이를 부정적인 다른 감정에 대해서도 적용해 본다.

☑ 꿈에 왕이 되어 누리던 호사가 나의 작품인 것처럼, 현실 세계에서 경험하는 기쁨 역시 마음의 창조물일 따름이다. 이를 긍정적인 다른 감정에 대해서도 적용해 본다.

☑ 어떤 사람에 대한 분노가 치밀어 오를 때 그 사람을 자신의 '분신' 또는 '연장'이라는 생각을 품어 본다.

☑ 자신이 느끼는 행복이 어디에서 오는지 살펴본다. 다른 존재로부터 오는 것이라고 생각되면 그 존재가 자신의 지각과 인식 속에 어떻게 엮여 있는지 생각해 본다.

☑ ……

◎ 전략 2

꿈에서 하는 어떤 체험은 현실 세계의 체험과 전혀 차이가 없을 정도로 생생하다. 현실 세계에서 느끼는 희노애락의 감정이 꿈속에서도 똑같이 일어난다. 그러나 그렇게 생생하던 체험도 꿈에서 깨어나는 순간 흔적도 없이 사라진다. 꿈에서 현실로 자리 이동이 일어나는 순간 꿈속에서 일어났던 모든 경험은 물거품처럼 사라진다. 현실 세계에서 제나가 겪는 모든 경험과 체험도 마찬가지다. 우리가 울고 웃고 화내고 짜증 내는 모든 일들이 얼나의 세계로 차원을 옮겨 자리를 이동하는 순간 흔적도 없이 사라진다. 따라서 꿈에 집착하는 짓이 어리석은 것처럼 현상계에서 일어나는 일에 집착하는 짓 역시 어리석은 일일 따름이다.

☑ 가위가 눌릴 정도로 심했던 악몽이 어떻게 사라졌는지 기억해 본다.

☑ 현실에서 지금 자신이 당하는 고통이 일종의 꿈이라면 어떻게 해결할 수 있을지 따져 본다.

☑ 부정적 감정이 일어날 때 도망가려 하지 말고 꿈이라고 생각하며 자세히 지켜본다.

☑ 생각하고 싶지 않은데도 계속 생각이 떠올라서 괴로울 때, 이는 마치 깨어서 보면 말도 안 되는 생각에 시달리는 꿈을 꾸는 것과 같다고 여기고 곧바로 얼나에 집중한다.

☑ ……

◎ 전략 3

꿈은 내(제나)가 꾸지만 그 꿈을 만들고 또 그 꿈을 지켜보는 이는 그 나(제나)가 아니다. 다시 말해 꿈은 대부분 나의 의지와 상관없이 전개되고, 또 그 꿈을 지켜보며 알아차리는 자는 일상의 나가 아니다. 이런 점에서 꿈은 나에게 일어나는 일이면서도 나와 거리가 있다. 현실 속에서 나에게 일어나는 일도 비슷한 속성이 있다. 따지고 보면 내가 세상에 태어난 일도 우연의 결합이요, 성장해서 지금에 이르는 수많은 일들이 우연과 우연이 연속적으로 결합한 결과라고 말할 수 있다. 이런 점에서 현실에서 내가 사는 삶 역시 나의 의지와 상관없이 전개되는 셈이다. 그런데 현실을 살아가는 나의 뒤편에서 나에게 일어나는 모든 일들을 지켜보고 알아차리는 자(작용)가 따로 있다. 내가 내 삶을 기억하고 내 삶을 대상으로 삼아 이야기할 수 있는 것은 이 때문이다. 삶은 내가 살지만 삶의 내용을 채워 가는 에너지를 공급하면서 동시에 이를 알아차리는 작용이 내 안에 있다. 꿈에서의 나, 그리고 현실에서의 나를 지켜보고 알아차리는 이 작용이 바로 얼나다.

☑ 자신이 살아온 인생의 몇 %나 자신의 뜻대로 이루어졌는지 따져 본다.

☑ 자기가 원해서 가진 얼굴이 아닌데 이 얼굴 때문에 겪게 된 수많은 사건들을 생각해 본다.

☑ 한국이 아니라 일본에서 태어났다면 독도에 대해 자신이 어떻게 말할지 생각해 본다.

☑ 꿈속의 나와 현실의 나를 아우르며 이야기할 수 있는 근거가 어디에서 비롯되는지 생각해 본다.

☑ ······

✿ 원리 7: 언어의 환술 드러내기

안심문답

달마대사가 소림사에서 수도하고 있을 때 혜가 스님이 찾아와 입실을 허락받고 묻기를,

혜가: "스님, 저의 마음이 편안하지가 않습니다. 자비를 베푸셔서 제 마음을 편안하게 하여 주옵소서!"

달마: "그대의 편안치 않은 마음을 이리 가져오시오. 내가 그대를 위해 편안케 해 주겠소!"

혜가: "스님, 마음은 볼 수도 없고 만질 수도 없고 얻을 수도 없습니다. 그러니 어떻게 바치겠습니까?"

달마: "그대 말처럼 마음은 얻을 수 없는 것이요. 내가 이미 그대 마음을 편안케 해 주었습니다."

개조심!

산악자전거를 타고 외진 시골길을 달리다가 커다란 글씨로 써 있는 표지판을 보게 되었다.

'개조심'

얼마를 지나가자 또 표지판이 나타났다.

'개조심'

잠시 후 멋스럽게 지은 시골집에 도착했다. 집 앞에는 조그마한 발바리 한 마리가 앉아 있었다. 주인아저씨에게 물었다.

"저 발바리를 조심하라고 표지판을 붙여 놓은 겁니까? 저 조그만 강아지가 집을 지킬 수 있나요?"

주인이 대답했다.

"천만에요. 집은 강아지가 아니라 표지판들이 지키고 있습니다."

언어는 의사소통을 매개하는 '편의적'인 '기호'다. 편의적이라는 말은 '절대적'이라는 말에 대응하고, '기호'라는 말은 '실체'라는 말에 대응한다. 그럼에도 사람들은 언어로 표현되는 현상들을 절대적인 실체로 받아들인다. 아울러 언어는 언어로 지칭되는 대상들을 다른 것들과 분리시킨다. 대상에 특정 이름을 붙이는 일은 가위로 오려 내듯 그 대상을 다른 대상들과의 관계에서 잘라 내어 실체화하는 과정이기 때문이다. 즉, 언어로 정의하고 개념화하는 작업 자체가 경계를 짓고 다른 것들과의 관계를 배제하는 작업이다. 언어는 한편으로는 소통을 돕는 중요한 매개자이면서 다른 한편으로 현실을 왜곡하고 관계를 파손하는 장애물이기도 하다. 따라서 언어의 폐해를 잘 이해하고 그 함정에 빠지지 않도록 조심해야 한다.

◎ 전략 1

그 무엇과도 어떤 것과도 관계없이 홀로 존재하는 '나'를 상상해 본다. 과연 이것이 가능한가? '나'는 항상 다른 것들과의 관계 속에 녹아들어 있는 존재다. 그럼에도 분리된 '나'가 있다고 생각하게 하는 주범은 바로 이 '나'라는 말 속에 들어 있다. '나'라는 용어가 나의 뇌 속에 '나'라는 고정된 실체가 있다고 여기는 환술을 일으키고 있는 것이다. 이 언어의 환술이 '나'는 물론이요, '나'와 관련된 특성들에도 동일하게 적용된다는 사실을 알아차린다.

☑ 진지하게 나에게 소중한 사람들과의 관계를 하나씩 잘라 내는 작업을 진행하여 마침내 가장 소중한 사람까지도 잘라 낸다. 이 상황에서 나에게 기쁜 일이 일어났다면, 그럼에도 연락할 사람이

아무도 남아 있지 않다면, 그 기쁜 일이 나의 삶에 무슨 의미가 있을지 생각해 본다.

☑ 내가 불안할 때 불안이 정말 객관적으로 존재하는지, 그리하여 그 정체를 잡아낼 수 있는지 세밀하게 찾아본다. 우울, 분노 감정에 대해서도 동일한 작업을 실행한다.

☑ 불안이 심리적 과정으로 진행되는 것이라면 그 과정이 어떻게 전개되는지 시작할 때부터 사라질 때까지 차분하게 지켜본다. 우울, 분노 감정에 대해서도 동일한 작업을 실행한다.

☑ ……

◎ 전략 2

언어를 실체로 오인하여 벌어지는 다양한 실수와 혼란을 찾아본다.

☑ 사람들이 나를 부르는 다양한 별칭들을 들어보고, 그 별칭이 정말 자신을 잘 나타내는지 따져 본다. (예 짱구, 돌대가리, 바보, 짝다리, 순둥이, 신사, 깡패…)

☑ 어릴 때부터 많이 들었던 칭찬이 현재 나의 언행과 생활방식에 미친 영향을 생각해 본다. (예 착한 아이, 모범생, 애가 됐어, 성실해…)

☑ 터무니없는 실체 의식 때문에 생기는 오류들을 점검해 본다. 이를테면 다음의 나, 다시 말해 죽음 후의 나에 대한 잘못된 생각을 따져 본다. 나에게 끝(죽음)이 있다면 다음의 나는 존재하지 않고, 나에게 끝이 없다면 다음의 나 또한 존재하지 않는다. 그러니까 나에게 끝이 있건 없건 다음의 나는 없다. 있다고 해도 모순, 없다

고 해도 모순이 되기 때문이다. 여기서 벗어나려면 '나'라는 실체 개념에 대한 집착을 버려야 한다.

☑ ……

◎ 전략 3

언어 또는 언어로 구성된 개념 및 논리가 가진 근원적 오류를 알아차린다. 언어, 개념, 논리의 기본 작동 원리라고 할 수 있는 '분별'은 덩어리로 일어나는 현실을 제대로 반영하지 못한다는 사실 그리고 개별적 실체의 존재를 전제로 한 '분별'은 허구와 내적 모순으로 가득한 것임을 자각한다. 다음의 진술들을 보면서 이를 확인한다.

☑ '나는 누구인가?'라는 의문

이 의문은 내가 이미 나라고 인정한 나를 추구해 들어가는 의문이기 때문에 의미 중복의 오류를 범하고 있다. 반대로 추구되는 나와 추구하는 나가 별개의 개체라면 이는 사실에 위배되는 오류를 범하는 셈이다. 이 의문이 타당성을 가지려면 나이면서 나가 아닌 존재, 즉 실체로서의 나가 아닌 다른 나, 이를테면 얼나의 존재를 인정해야 가능하다.

☑ 무슨 말을 해도 자가당착

"아무리 훌륭한 말도 그것이 말인 이상 논리적 모순을 피할 수 없다. 방금 필자가 여기에 쓴 말도 마찬가지다. 여기서 필자는 '아무리 훌륭한 말도 그것이 말인 이상 논리적 모순을 피할 수 없다'고 썼는데, 이런 말만은 논리적 모순에서 벗어난 것인 양 가장을 하고 있기 때문이다. 이 역시 말이기 때문에 논리적 모순을 피할 수 없어야 할 것이다. 그렇다면 이 말은 틀린 말이 되어야 한다. 어떤 말도 할 수 없다. 다 틀리기 때문이다. 또 지금 여기서 '어떤 말도 할 수 없다'고 쓰긴 했지만, 이렇게 쓰면서 '어떤 말도 할 수 없다'는 말만은 할 수 있는 양 위장을 했다. 또 이어서 '다 틀리기 때문이다'라고 쓰긴 했지만, 이 말만은 틀리지 않은 말인 양 가장을 했다. 어떤 말도 할 수 없다면서 '어떤 말도 할 수 없다'는 바로 그 말을 버젓이 하고 있다. '다 틀리기 때문이다'라는 말이 진리이기 위해서는 이 말 역시 틀려야 하지만, 틀리지 않은 말인 양 버젓이 하고 있다. 결국 우리는 보편적 진리에 대해 입도 뻥긋하지 못한다. 또 지금 여기서 '우리는 …… 입도 뻥긋하지 못한다'고 하면서 입을 뻥긋거리고 있다. 자가당착이다. 무슨 결론을 내리고 해도 자가당착을 피할 수 없다(김성철, 2006, p. 173)."

☑ 눈앞에 나타나는 대상들을 볼 때 눈이 존재하는 것은 확실하다. 그런데 눈은 스스로 눈인 자기를 볼 수 없다. 즉, 눈에게 눈은 없는 것이다. 그렇다면 눈은 있는 것인가, 없는 것인가?

☑ '제논의 역설'이 무엇인지 찾아본다.

\# 아킬레스와 거북이

\# 화살의 역설

\# 이분 역설

\# ……

☑ ……

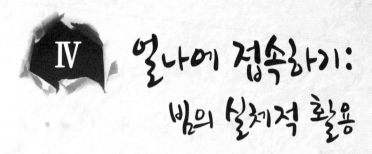

Ⅳ 얼나에 접속하기: 빔의 실체적 활용

Ⅳ 얼나에 접속하기: 빔의 실제적 활용

지금까지 제나의 가림막을 벗겨 내어 얼나의 존재를 분명하게 드러내기 위한 상담을 다루었다. 이제는 생명과 창조의 근원이요, 성장과 치유의 힘을 쏟아 내는 얼나 상담을 직접 다룰 때가 되었다. 이 상담 역시 두 가지 방향으로 나눌 수 있다. 첫째, 얼나에 직접 접속하여 그 안에 작용하는 힘과 에너지를 접촉하는 상담이다. 다시 말하면 없음 또는 빔으로 존재하는 얼나의 실체와 맞닥뜨림으로써 그 없음과 빔의 세계에 담겨 있는 창조와 치유의 힘을 있음의 세계로 곧바로 가져오려는 것이다. 한마디로 빔의 실체적 활용을 꾀하는 상담으로서 마음을 얼나로 채우려는 방법이다.

멍 때리기 대회

멍 때리기는 '아무 생각 없이 멍하니 있다'를 뜻하는 속어로, 정신이 나간 것처럼 한눈을 팔거나 넋을 잃은 상태를 말한다. 2014년 10월 27일 서울 용산구 전쟁기념관 앞에서는 누가 더 멍한지를 겨루는 '제1회 멍 때리기 대회'가 열렸다. '프로젝트 듀오 전기호'란 이름으로 멍 때리기 대회를 주최한 웁쓰양(39. 예명)과 저감독(34. 예명)은 "현대인들이 빠른 속도와 경쟁사회로 인한 스트레스에서 멀리 떨어지는 체험을 하는 것"이 대회의 취지라고 밝혔다. 최연소 참가자로 참가해 이 대회에서 1시간 30분간 미동도 없이 멍하게 앉아 있어 우승을 차지한 김지명(9)은 멍 때리기의 비결에 대해 "멍 때리기는 아무 생각을 안 하는 것이다."라고 말하면서 우승 소감으로 "앞으로도 열심히 멍 때리겠다."라고 했다.

늘 함께 있으면서도 얼나의 존재와 작용을 알아차리고 활용하지 못하게 하는 결정적인 원인은 생각, 감정, 오감 등 마음의 움직임이다. 따라서 마음의 움직임을 멈추면 얼나는 저절로 드러난다. 마음의 움직임을 멈추는 가장 좋은 방법 중 하나가 온전한 휴식에 들어가기다. 아무것도 하지 않음으로써 생각, 감정, 오감이 작동을 멈출 때 얼나는 조용히 존재의 밑바닥으로부터 창조와 성장의 힘을 내뿜는다.

◎ 전략 1

온전한 휴식에 들어가는 첫 번째 전략은 깊은 잠을 자는 숙면이다. 숙면 상태는 꿈조차 꾸지 않는 상태, 그러니까 아무런 생각, 감정, 의지, 행동이 일어나지 않는 고요한 상태를 말한다. 이 상태는 마치 죽어있는 상태로서 있음의 세계에 있으면서 없음의 세계에 가장 가까이 다가가는 시간이기도 하다. 이 상태에서 우리는 우리의 존재를 가능케 했던 원초적 에너지를 접하고 존재가 다시 새로워지는 체험을 한다. 숙면을 하고 일어나면 몸이 가뿐해지면서 영혼이 발랄해지는 느낌을 받는 것은 이 때문이다. 사람들이 그렇게 바라는 생명과 창조의 에너지가 매일 밤 숙면 속에서 일어나고 있다는 사실을 주목할 필요가 있다.

☑ 숙면의 중요성을 인식하고 잠을 깊이, 많이 잘 수 있게 환경을 구성한다.

\# 잠자기 전 휴식하기

\# 침실을 최적의 휴면 환경으로 만들기

\# 규칙적으로 잠자리에 들기

\# 운동으로 몸을 피곤하게 하기

\# ······

☑ 숙면을 방해하는 요소들을 발견하여 이를 제거한다.

스트레스 줄이기

자극적인 음식 피하기

잠들기 전 수분 섭취 줄이기

……

☑ ……

◎ 전략 2

아무 생각 없이 멍하니 있는 멍 때리기다. 멍 때리기는 정신이 나간 것처럼 한눈을 팔거나 넋을 잃은 상태를 말하는 것으로서 마음의 활발한 작동이 중지된 상태를 말한다. 숙면이 잠을 자며 누리는 깊은 휴식이라면, 멍 때리기는 의식이 깨어 있는 상태에서 누리는 깊은 휴식이다. 현대 뇌과학은 멍 때리기가 인간의 뇌를 쉬게 하면서 동시에 백색질의 활동을 증가시켜 창의력 발휘에 도움이 된다는 사실을 밝혀낸 바 있다. 멍 때리기가 뇌에 휴식을 주면서 자기의식을 다듬는 기회로 활용됨으로써 평소에 미처 생각지도 못한 영감이나 문제해결능력을 향상시킨다는 것이다. 자극이 무한하게 펼쳐져 있고 환경이 무서운 속도로 변해 가는 시대에 멍 때리기는 새롭게 주목해야 할 마음의 쉼터라고 할 수 있다.

☑ 움직이지 않고 아무 생각 없이 멍하게 앉아 있는다.

멍 때리기를 할 때는 웃기, 울기, 졸기, 잠자기, 휴대전화 보기, 시간 확인하기, 잡담하기, 노래하기, 춤추기, 먹기, 마시기 등 모든 행동을 중지한 채 아무 생각 없이 앉아 있어야 한다.

☑ 먼산바라기를 한다.

먼산바라기의 사전적인 뜻은 '보아야 할 곳을 바라보지 않고 다른 곳을 바라보는 짓'이지만, 여기서는 그저 시선을 먼 산을 향해 둔다는 뜻으로 사용한다. 어릴 적 주변에서 일어나는 일에 아랑곳하지 않고 툇마루에 앉아 멀리 눈에 들어오는 남산(고유명사가 아니라 집에서 멀리 보이는 이름 없는 산을 일컫는 말)을 막연한 그리움으로 지긋이 바라보곤 했던 것처럼, 현실에서 벌어지는 이러저러한 일들을 그대로 둔 채 잠시 먼 곳 어딘가에 있을 막연한 미지의 세계에 시선과 마음을 옮겨 본다. 멍 때리기와 달리 일상생활이 일어나는 어느 곳에서나 손쉽게 누릴 수 있는 심리적 휴식이라는 점에서 먼산바라기의 장점을 찾을 수 있다.

☑ 멍 때리기로 창조적 업적을 이룩한 사람들 찾아보기

\# 사과나무 아래서 만유인력의 법칙을 발견한 뉴턴

\# 목욕탕에서 부력의 원리를 발견한 아르키메데스

\# 잠자다 들은 멜로디를 〈예스터데이〉로 작곡해 낸 비틀스의 폴 매카트니

\# ……

☑ ……

◎ 전략 3

아무런 간섭을 하지 않은 채 마음이 가는 대로 내버려 두는 전략이다. 아등바등 신경 쓰던 모든 일에 대해 스위치를 꺼 놓고 그냥 생각이 흐르는 대로 내버려 둔다. 그렇게 일정 시간이 지나면 어느새 마음이 편안해져 생기가 돋고 무엇인가 하고픈 욕구가 솟구쳐 오른다. 이 전략은 생각이나 감정이 과잉 상태일 때 효과적이다. 특히 불안이나 신경증 같은 과잉 감정

반응 치유에 좋은 것으로 알려져 있다. 감정은 나름대로 생성·소멸되는 독특한 경로가 있다. 이를 무시하고 인위적인 지적 노력으로 감정에 개입하려고 할 때 문제가 심각해진다. 감정에 대한 대책은 무대책, 즉 그냥 제 길로 가게 내버려 두는 것이 최고의 대책이다. 이렇게 하면 감정이 가라앉는 효과와 더불어 생각이 너무 바빠 뒷전에 처져 있던 얼나 에너지가 전면으로 드러나는 효과를 동시에 얻을 수 있다. 일본에서 개발된 모리타 상담은 이 원리에 기반을 두고 있다.

☑ 완전하게 격리된 침대 휴식

일정 기간 동안(대략 일주일) 달랑 침대만 놓여 있는 빈방에 갇혀 홀로 지낸다. 화장실 가기, 식사하기를 제외하고 항상 침대에서 휴식을 취한다. 핸드폰 사용, 쓸데없는 대화, 손님맞이, 독서, 라디오 청취와 TV 시청, 흡연, 음주 등은 모두 금지한다. 이 기간 동안 자기 마음대로 생각의 나래를 펼쳐 본다. 가능한 한 많이 생각하고 견딜 수 있는 범위 내에서 많은 고통을 느껴 본다. 원하면 얼마든지 잠을 자도 좋다. 잠에서 깨어나면 다시 또 생각에 잠긴다. 침대에 조용히 누워서 아무런 저항이나 반대 없이 마음이 향하는 대로 그대로 따라간다.

☑ 햇볕 쪼이기

양지 바른 곳을 찾아 햇볕을 쪼이며 즐긴다. 무엇인가를 하려는 마음을 내려놓고 하릴없이 게으름을 부린다. 디오게네스가 햇볕을 가로막은 알렉산더 대왕에게 "햇빛이나 가리지 말고 비켜주시오."라고 말했던 것처럼 모든 의무감으로부터 해방된 자유를 누리는 순간을 방해하는 것은 무엇이든 거부하면서 오직 그 순간의 안온함에 자신의 몸과 마음을 맡긴다.

☑ 몸의 근육 이완시키기

방해받지 않는 조용한 곳을 찾아 몸의 근육을 이완시키는 작업을 시작한
다. 머리끝에서부터 발끝까지 주요한 근육을 따라가며 근육을 긴장시켰
다가 이완시키는 작업을 반복하되, 긴장 시와 이완 시에 느끼는 느낌의 차
이에 주의를 기울인다. 이를테면 머리, 이마, 눈, 볼, 입, 귀, 목, 어깨, 팔,
손, 가슴, 등, 배, 허리, 골반, 대퇴부, 장딴지, 발목, 발가락 순으로 따라
내려가며 근육의 긴장과 이완을 반복한다. 최종적으로는 몸에 있는 모든
근육에 힘을 뺀 상태로 편안하게 이완하며 완전한 휴식에 들어간다. 제이
콥슨의 긴장 이완법, 슐츠의 이완법이 도움이 될 수 있다.

☑ ……

✿ 원리 2: 몰입하기

스키의 매력

슬로프를 내려오는 속도가 빨라지면서 나의 존재 전체가 살아서 반사적으로 반응하기 시작한다. 온몸과 생각과 느낌과 행동이 매 순간 온전한 하나가 되어 리드미컬하게 슬로프를 따라 움직인다. 이 순간은 마치 내가 없는 것 같다. 순간순간의 움직임 속에 녹아들어 평소의 나는 그냥 사라져 버린다. 그 대신 설명하기 어려운 자유로움과 통일감 그리고 평안함이 나를 휘감는다. 모든 잡념에서 벗어나 있는 자유, 일사불란하게 하나의 전체로 살아 움직이는 통일감, 투명한 의식 속에 느끼는 평안함이 아주 선명해진다. 이것이 내가 스키에 흠뻑 빠지게 된 이유다.

몰입은 주위의 모든 잡념, 방해물을 차단하고 지금 하는 일에 고도의 정신을 집중하는 상태를 말한다. 무엇인가에 몰입할 때 사람은 몰입 대상과 하나가 된 듯한 일체감을 경험하면서 자아의식을 망각한다. 한마디로 몰입하는 대상에 완전히 흡수된다. 몰입이 깊어지면 '물 흐르는 것처럼 편안한 느낌' '하늘을 날아가는 자유로운 느낌'이 흐르기도 하고, 몇 시간이 한순간처럼 짧게 느껴지는 '시간개념의 왜곡' 현상이 일어나기도 하며, 몰입 대상을 더 자세하고 뚜렷하게 보기도 한다. 이렇게 무엇인가에 깊이 몰입한 상태에서 일어나는 지각 현상은 일상적인 마음의 작동방식과 커다란 차이를 보인다. 마음이 한곳에 집중되면서 동시에 한곳에 집중된 그 마음에서 일어나는 일이 객관적으로 관찰된다. 고요하게 가라앉아 마음이 텅 비워지면서도 그 안에서 또 무언가 특별한 작용이 있음을 알게 되는데, 이것이 바로 얼나의 작용이다. 볼록렌즈에 햇빛을 모으면 종이를 태울 수 있는 것처럼 깊은 몰입 상태가 되면 얼나가 활성화되는 것이다. 몰입 자체가 얼나는 아니지만 몰입은 얼나로 들어가는 중요한 통로 역할을 한다.

◎ 전략 1

빠르고 격렬한 스포츠 활동에 참여한다. 빠르고 격렬한 스포츠 활동에 참여하는 동안에는 잡념이 끼어들 틈이 없다. 실수를 하지 않기 위하여 오로지 '지금 여기'에서 벌어지는 일에 충실할 수밖에 없기 때문이다. 예를 들어, 스키를 타는 동안에는 다른 걸 생각하고 따질 여유가 없다. 그랬다가는 어느새 저 구석 어딘가에 처박혀 있을 것이 뻔하다. 생각이라면 오직 순간순간 슬로프의 각과 노면 상태 그리고 몸이 내달리는 속도를 판단하는 것으로 충분하다. 이때 느끼는 자유로움 그리고 일사불란하게 하나의 전체로 살아 움직인다는 통일감은 깊은 몰입이 가져다주는 자연스런 효과다.

☑ 스키 타기

☑ 산악자전거 타기

☑ 오토바이 타기

☑ 메불라나 춤(회전하는 수도자의 춤)추기

☑ ······

◎ 전략 2

자연스럽게 몰입으로 이끄는 활동에 참여한다. 무엇인가를 새롭게 만들어 가거나 새롭게 알아가는 과정 역시 마음을 끌어당기는 강한 힘을 가지고 있다. 이런 활동들은 처음 시작할 때는 다소 밋밋할 수 있지만 활동이 전개되면서 점차 마음을 집중시키는 효과가 있다.

☑ 미술, 음악 등 창의적 작품 활동에 참여하기

☑ 만다라 그리기

☑ 요가하기

☑ 성인용 그림 그리기

☑ ······

◎ 전략 3

재미있는 놀이와 게임에 푹 빠져든다. 놀이와 게임의 큰 장점은 재미다.
재미있는 놀이와 게임은 아주 손쉬우면서도 효율적으로 마음을 집중시키
는 효과를 가지고 있다. 그러나 사람들은 놀이와 게임에 마음껏 빠져드는
것을 은근히 금기시하는 경향이 있다. 이런 저항을 무시하고 아무런 제약
없이 좋아하는 놀이와 게임에 푹 빠져들어 본다. 단, 놀이와 게임에 완전
히 몰입했을 때 놀이에 몰입한 자신의 모습을 지켜보는 눈길을 함께 느끼
도록 한다.

☑ 가상현실 게임하기

☑ PC 게임하기

☑ 구구단, 3·6·9 놀이하기

☑ ……

◎ 전략 4

억지로 생각을 잡아 둔다. 생각은 쉽게 한곳에 머물러 있지 않는다. 이
를 억지로 한곳에 잡아 둠으로써 온 존재가 그 생각으로 가득 차게 하는 방
법도 몰입으로 이끄는 데 효과적이다. 불교의 화두잡기가 대표적이다. 화
두는 스승인 선사가 제시한 답변을 말하는데, 화두잡기는 선사의 답변을
본격적으로 공부하는 행위를 뜻한다. 그런데 화두는 상식을 넘어선 내용
이라서 쉽게 풀 수가 없다. 따라서 공부하는 사람은 존재 전체가 의심의 덩
어리로 화할 때까지 화두에 매달리게 된다. 화두가 풀리고 의심이 사라지
는 순간, 다시 말해 몰입이 절정에 달한 순간 얼나가 제 모습을 드러낸다.

☑ 화두잡기

☑ 선문답하기

☑ 넌센스 퀴즈에 도전하기

☑ ……

◎ **전략 5**

　일상생활의 아주 작은 부분까지 세밀하게 주의를 기울이며 관찰한다. 일상에서 자신에게 일어나는 현상 하나하나를 놓치지 않고 주의를 집중하는 것 자체가 몰입으로 이끌어 간다. 단, 이때 관찰은 아주 세밀한 부분까지 정교하게 이루어질 필요가 있다. 예를 들어, 음식 먹는 일에 몰입하는 경우 눈으로 느끼는 음식의 모양과 색깔, 음식을 입에 넣었을 때 혀가 느끼는 맛과 풍미, 음식을 씹을 때 이빨에 닿는 촉감, 음식이 넘어갈 때 목이 느끼는 느낌 등을 하나하나 세세하게 살피도록 한다.

☑ 음식 먹는 일에 몰입하기

☑ 산책하며 걷는 걸음걸이에 몰입하기

☑ 샤워를 하며 몸에 닿는 물살을 느끼기

☑ ……

◎ 전략 6

여행을 하며 새로운 경험 세계에 도전한다. 미지의 곳으로 향하는 여행은 항상 사람을 긴장시킨다. 바로 이 긴장 때문에 여행자는 주변에서 일어나는 사소한 일에도 주의를 기울이며 조심스럽게 몰입하지 않을 수가 없다. 여행은 또 전혀 예상하지 않은 방식으로 의식을 깨우고 정신을 사로잡기도 한다. 갑자기 눈앞에 펼쳐진 황홀경을 보고 아! 하고 탄성을 지르는 순간, 그 아름다움에 몰입된 마음에는 생각조차 끼어들 여지가 없다. 몰입 경험은 여행이 주는 즐거운 선물이다.

☑ 오지로 여행하기

☑ 낯선 곳으로 홀로 여행하기

☑ 대자연으로 들어가 황홀경에 빠지기

☑ ······

❂ 원리 3: 선에 들기

불성을 얻으려면

마조

회양은 좌선하고 있는 마조에게 물었다.

"그대는 무엇을 얻으려고 좌선하는가?"

"불성을 얻으려 합니다."

그러자 회양은 기왓장 하나를 집어 들더니 마조 앞에서 갈기 시작했다.

"기왓장은 갈아서 무엇에 쓰실 겁니까?"

"거울로 쓰려고 하네."

"그렇게 간다고 기왓장이 거울이 되겠습니까?"

"기왓장이 거울이 될 수 없다면 좌선으로 부처가 되겠는가?"

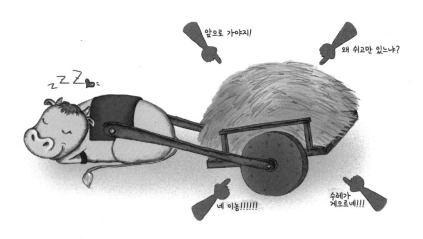

"그렇다면 무엇을 해야 합니까?"

"소가 수레를 끌려고 하는데 수레가 움직이지 않는다면 수레를 다그쳐야 하는가 아니면 소를 다그쳐야 하는가?"

머뭇거리는 마조를 보며 회양이 말을 이었다.

"그대는 좌불을 흉내 내고 싶은 것인가? 아니면 좌선을 배우고 싶은 것인가? 좌불을 흉내 내고 싶다면 부처는 정해진 모양새가 없다는 점을 명심하고, 좌선을 배우고 싶다면 선이란 결코 앉거나 눕는 것이 아니라는 점을 알아야 한다. 법은 영원히 계속 이어질 뿐 결코 머무는 적이 없다. 좌불을 흉내 내는 것은 곧 부처를 죽이는 것이요, 앉음새에 집착하면 깊은 이치에 이를 수 없다."

사람들은 흔히 선과 명상을 혼동한다. 그러나 이 둘은 개념상 명확하게 구분되어야 한다. 『대승기신론』을 풀이한 원효에 따르면 선은 지(止)와 관(觀)으로 구성된다. 지는 일체 대상에 대한 상(소위 境界相이라고 함)을 멈추고 분별을 멈추는 것(소위 定이라고 함)으로서 범어의 사마타를 한자로 나타낸 것이고, 관은 생기고 사라지는 모든 상(소위 法相이라고 함)을 관찰하는 것(소위 慧라고 함)으로서 범어의 비파사나를 한자로 나타낸 것이다. 그러니까 명상은 관, 즉 비파사나에 가까운 것으로서 지와 분명히 구분된다. 조금 자세히 말하면, 『대승기신론』에서 말하는 지는 철저하게 외적 대상화를 거부하고 마음의 움직임과 머무름을 밝히는 일에 초점을 둔다. 마음을 보는 자와 보이는 대상으로 나누는 일 자체를 거부하는 입장에서는 당연한 일이다. 따라서 어떤 외부 대상을 두고 수행되는 명상, 이를테면 호흡을 따라가는 명상, 몸을 주시하는 명상, 마음에 일어나는 경계나 마음 작용을 대상화해서 바라보는 명상 등은 지가 아니다(박성희, 2016, p. 92). 엄밀히 말하면, 명상이 마음을 평안히 가라앉게 하고 에너지를 집중시키는 역할을 하는 것은 사실이지만 직접 얼나에 접속하는 방법이라고 말할 수는 없다. 이런 점에서 선과 명상은 구별되어야 한다.

여기서는 원효가 풀이한 『대승기신론소』에 의거하여 생각을 멈추는 법(지법)을 소개하고자 한다. 얼나에 접속하는 매우 중요한 방법이라고 생각되어 비교적 상세하게 설명할 것이다.

◎ 전략 1: 생각을 멈추는 법

원효는 생각을 멈추는 법으로 『대승기신론』에서 제시한 아홉 가지 멈춤을 단계별로 설명한 바 있다. 여기에서 필자는 이 아홉 가지 멈춤을 얼나와 관계 지으려고 한다. 이는 제나의 마음(생각)에서 얼나의 마음(생각)으로 바뀌는 과정을 드러내려는 것인데, 원효의 원래 의도와 다를 수 있는 해석이다.

☑ **안으로 모아 머무는 단계(內住段階):** 생각을 외적 대상에 따라 움직이게 하지 않고 안으로 모아 머물게 한다. 안으로 밝히는 수행으로서 바깥 대상을 향한 생각을 없애는 단계다.

예 생각의 주제를 '사랑'이라고 정해 놓는다. 그리고 생각 속에 오직 이 한 주제만 박아 놓는다. 순간순간 정신이 다른 데 팔려가더라도 실망하지 말고 다시 '사랑'이라는 주제로 생각을 돌이킨다.

☑ **미세한 생각을 제거하는 단계(等住段階):** 바깥 세상에 대한 거친 생각이 제거되었어도 아직도 미세한 생각들이 남아 있다. 이를 제거하기 위해 거친 생각을 미세하게 하여 생각을 따라 일어나는 미세한 생각들을 다시 제거한다.

예 '사랑'과 연결된 작은 생각들을 알아차리도록 하고, 이를 알아차리는 순간 다시 '사랑'이라는 원래 주제로 돌아간다.

☑ **생각을 제거한다는 생각조차 버리는 단계(安住段階):** 밖으로 치달리는 생각을 모두 없앴으나 없앴다는 생각이 남아 있으면 밖으로 치달리는 생각이 다시 일어나게 된다. 따라서 없앴다는 생각마저 제거함으로써 밖을 잊을 수 있고, 밖을 잊음으로써 마음이 고요하고 평안해질 수 있다. 이를 통해 비로소 얼나를 만나는 지점에 도달한다.

예 '사랑'이라는 생각에 집중해야 한다는 생각마저 내려놓고 훌쩍 고요함 속으로 마음자리를 이동한다. 생각을 비움으로써 얼나에 접촉하는 것이다.

☑ **생각의 본성을 깨닫고 무시하는 단계(近住段階):** 안팎의 일체의 모든 대상이 본래 생각할 수 있는 것도 없고 생각할 만한 것도 없는 것임을 분명하게 알기 때문에 이를 일으키는 생각 역시 나지도 않고 멸하지도 않음을 안다. 이처럼 생각의 본성이 환각임을 알아차려 따르지 않고 마음을 비워 얼나에 가깝게 머문다.

예 일어나는 모든 생각을 환각으로 여겨 무시하고 마음을 비워 둔다. 접속한 얼나에 머물러 있는 것이다.

☑ **얼나에 머무는 시간을 늘리는 단계(調順段階):** 생각의 본성이 환각임을 잘 알고 있어도 생각이 자꾸 일어나 거기에 마음을 빼앗긴다. 이럴 때마다 마음을 비우고 얼나 자리로 돌아온다.

예 생각이 떠오를 때마다 '아하, 또 분별!' 하고 알아차리면서 생각을 즉시 떠나 마음을 비우고 얼나 자리로 돌아온다.

☑ **생각이 끊어지기 시작하는 단계(寂靜段階):** 분별하는 생각으로 마음이 움직이다가 얼나에 머무는 시간이 조금씩 길어짐에 따라 생각이 점차 사라지고 마음이 고요해지는 시간이 늘어난다.

예 '아하, 또 분별!' 하며 생각을 알아차리는 빈도가 점점 줄어든다. 고요한 평화가 마음을 감싸는 시간이 상대적으로 늘어난다.

☑ **얼나가 마음을 점령하기 시작하는 단계(最極寂靜段階):** 텅 비워진 고요한 마음에서 생각이 일어나고 에너지가 움직임을 알아챈다. 이때 일어

나는 생각은 얼나에 기반을 둔 것으로서 얼나에 접촉하기 전에 일어나는 제나의 생각과 질적으로 차이가 있다.

예 조용히 머물러 있으면서 얼나에서 일어나는 생각과 에너지의 흐름을 따르며 행동하기 시작한다. 단, 이 움직임이 고요한 마음 바탕 위에서 일어나는 것인지 이따금 점검함으로써 변질 여부를 알아차린다.

☑ **얼나로 마음을 움직이는 단계**(傳住一趣段階): 가거나 오거나 무슨 생각과 행위를 하더라도 항상 마음이 얼나에서 떠나지 않음을 안다. 이렇게 오래 익히다 보면 앉으나 서나 움직이거나 멈추거나 무엇을 하든지 마음은 얼나의 드러남이 된다.

예 어떤 생각이 일어나도, 어떤 행동이 일어나도 마음이 흔들리지 않는다. 그리하여 모든 생각과 행동이 곧바로 얼나와 연결되는 경지에 다가선다.

☑ **흔들림 없이 얼나로 행하는 단계**(等持段階): 얼나에 머문 상태, 다시 말해 마음이 흔들림 없이 멈춘 상태로 계속 유지된다. 그리고 모든 생각과 행동은 철저히 얼나에 뿌리를 두고 전개된다. 이제부터 마음에 일어나는 모든 일들은 얼나의 반영일 따름이다. 흔히 진여삼매라고 부르는 경지다.

예 고요한 마음 바탕에서 솟아나는 생각과 행동을 자연스럽게 따라간다. 이제 생각은 멈추게 해야 할 연습 대상이 아니라 얼나를 실현하는 도량이다.

☑ ……

◎ 전략 2: 실상을 살피는 법

실상을 살피는 법은 흔히 관찰하기라고 불린다. 마음이 멈춘 상태에서 사태를 찬찬히 살피고 이해하는 방법이기 때문이다. 사실 우리는 앞에서 실상을 살피는 방법에 대하여 이미 살펴보았다. 제나의 정체를 드러내고 벗겨내기 위한 원리와 전략들이 바로 그것이다. 여기서는 한 걸음 더 깊이 들어가 자신의 내면에서 일어나는 일을 고요히 들여다보면서 자신과 세상의 실제 모습을 알아가는 명상법을 다룰 것이다. 석가모니 부처가 직접 설한 바 있는 『대념처경』의 일부가 그 내용이다. 엄밀히 말해 실상을 살피는 명상법은 얼나를 직접 접촉하는 방법이 아니라는 점을 다시 한 번 강조한다. 다만, 명상이 깊어지면서 마음이 고요해질수록 얼나에 가까이 다가설 가능성은 그만큼 커질 것이다.

☑ 숨 관찰

당신들은 어떻게 몸을 관찰하여 몸에 머물 것인가? 숲 속이나 나무 밑이나, 빈방에서 결가부좌를 하고 몸을 곧게 하며 생각을 가다듬고 앉는다. 마음을 집중하여 숨을 들이쉬고, 마음을 집중하여 숨을 내쉰다. 숨을 길게 들이쉬면서 '나는 숨을 길게 들이쉰다'고 알아차리고, 또 숨을 길게 내쉬면서 '나는 숨을 길게 내쉰다'고 알아차린다. 혹은 숨을 짧게 들이쉬면서 '나는 숨을 짧게 들이쉰다'고 알아차리고, 또 숨을 짧게 내쉬면서 '나는 숨을 짧게 내쉰다'고 알아차린다. '나는 온몸을 느끼면서 숨을 들이쉰다'고 알아차리고, '나는 온몸을 느끼면서 숨을 내쉰다'고 알아차린다. '나는 온몸의 움직임을 그치고 숨을 들이쉰다'고 알아차리고, '나는 온몸의 움직임을 그치고 숨을 내쉰다'고 알아차린다.

☑ 느낌 관찰

즐거움을 느끼면 '나는 즐거움을 느낀다'고 알아차리고, 괴로움을 느끼면 '나는 괴로움을 느낀다'고 알아차리며, 괴롭지도 즐겁지도 않음을 느끼면 '나는 괴롭지도 않고 즐겁지도 않음을 느낀다'고 알아차린다. 혹은 육체의 괴로움을 느끼면 '나는 육체의 괴로움을 느낀다'고 알아차리고, 정신의 괴로움을 느끼면 '나는 정신의 괴로움을 느낀다'고 알아차리며, 육체의 괴롭지도 즐겁지도 않은 느낌을 알아차리면, '나는 육체의 괴롭지도 즐겁지도 않은 느낌을 받는다'고 알아차린다. 이처럼 안으로 받아들이는 느낌에 대하여 관찰하여 머물고, 밖으로 받아들이는 느낌에 대하여 관찰하여 머물며, 또한 안과 밖의 모든 느낌에 대하여 관찰하여 머문다. 혹은 생겨나는 느낌을 관찰하면서 거기에 머물고, 사라지는 느낌을 관찰하면서 거기에 머물며, 또한 생겼다가 사라지는 느낌을 관찰하면서 거기에 머문다.

☑ 마음 관찰

마음이 탐을 내면 '마음이 탐낸다'고 알아차리고, 마음이 탐내지 않으면 '마음이 탐내지 않는다'고 알아차린다. 또한 마음이 성을 내면 '마음이 성을 낸다'고 알아차리고, 마음이 성을 내지 않으면 '마음이 성내지 않는다'고 알아차린다. 마음이 어리석으면 '마음이 어리석다'고 알아차리고, 마음이 어리석지 않으면 '마음이 어리석지 않다'고 알아차린다. 마음이 뒤집어지면 '마음이 뒤집어진다'고 알아차리고, 마음이 뒤집어지지 않으면 '마음이 뒤집어지지 않는다'고 알아차린다. 마음이 넓고 크면 '마음이 넓고 크다'고 알아차리고, 마음이 좁고 작으면 '마음이 좁고 작다'고 알아차린다. 마음이 고요하면 '마음이 고요하다'고 알아차리고, 마음이 고요하지 않으면 '마음이 고요하지 않다'고 알아차린다. 마음이 얽매임에서 벗어나면 '마음이 얽매임에서 벗어났다'고 알아차리고, 마음이 얽매임에서 벗어나지 못하면 '마음이 얽매임에서 벗어나지 못한다'고 알아차린다.

☑ ……

◎ 전략 3: 생각 멈추기와 실상 살피기를 함께 적용하는 법

앞에서 생각을 멈추는 법과 실상을 살피는 법을 따로 살펴보았다. 편의 상 이 둘을 따로 나누기는 하였지만 수행의 실제에서 이 둘은 거의 함께 작용한다. 생각을 끊고 고요히 얼나에 깊이 머무는 일과 마음에서 일어나는 일을 지혜롭게 살피는 일이 하나의 수행으로 연결되어 있다는 말이다. 불교수행법으로서 지관쌍운이라는 용어가 있는 것은 이 때문이다. 『대승기신론』에서는 생각 멈추기만을 수행하면 마음이 가라앉거나 게을러지기 때문에 항상 실상 살피기를 병행해야 한다고 주장한다. 생각 멈추기(얼나에 집중하기)와 실상 살피기는 여러 가지 방식으로 연결될 수 있다. 실상 살피기를 먼저 하다가 생각 멈추기로 이어갈 수도 있고, 생각 멈추기를 하다가 실상 살피기로 이어갈 수도 있다. 여기서는 실상을 살피는 사이사이 생각을 멈추고 얼나에 집중하는 전략을 소개한다.

☑ 숨을 관찰하며 얼나에 집중하기

들숨 관찰하기 → 얼나에 집중하기 → 날숨 관찰하기 → 얼나에 집중하기 → 들숨 관찰하기의 과정을 반복한다. 그러니까 숨을 길게 들이마시면서 '나는 숨을 길게 들이마신다'고 알아차리고, 들숨이 날숨으로 바뀌며 숨이 잠간 끊어지는 순간 '얼나에 집중하다'가, 숨을 길게 내쉬면서 '나는 숨을 길게 내쉰다'고 알아차리고, 날숨이 들숨으로 바뀌는 순간 '얼나에 집중하다'가, 숨을 길게 들이마시면서 '나는 숨을 길게 들이마신다'고 알아차린다. 이 과정을 반복하면서 실상 살피기와 생각을 멈추고 얼나에 집중하기를 이어간다. 다른 종류의 숨에 대해서도 같은 과정을 따른다.

☑ 느낌을 관찰하며 얼나에 집중하기

느낌 A(분노) 관찰하기 → 얼나에 집중하기 → 느낌 B(불안) 관찰하기 → 얼나에 집중하기 → 느낌 C(슬픔) 관찰하기……

생주이멸의 과정을 거쳐 가는 느낌을 관찰하다가 이 느낌이 다른 느낌으로 바뀌는 틈새에 생각을 멈추고 얼나에 집중한다. 새로운 느낌이 시작되면 다시 이 느낌의 생주이멸 과정을 지켜보다가 이 느낌이 다른 느낌으로 바뀌는 틈새에 생각을 멈추고 얼나에 집중한다. 이런 과정을 거치면서 느낌과 느낌 사이에 생각을 멈추고 얼나에 집중하는 시간을 점차 늘려 나간다.

☑ 마음을 관찰하며 얼나에 집중하기

마음 A(탐내는 마음) 관찰하기 → 얼나에 집중하기 → 마음 B(어리석은 마음) 관찰하기 → 얼나에 집중하기 → 마음 C(고요한 마음) 관찰하기……

마음의 상태를 관찰하다가 이 마음이 다른 마음으로 바뀌는 틈새에 생각을 멈추고 얼나에 집중한다. 새로운 마음이 시작되면 다시 이 마음을 지켜보다가 이 마음이 다른 마음으로 바뀌는 틈새에 생각을 멈추고 얼나에 집중한다. 이런 과정을 거치면서 마음과 마음 사이에 생각을 멈추고 얼나에 집중하는 시간을 점차 늘려 나간다.

☑ ……

공부하는 사람은

경허선사

공부하는 사람은 마음 움직이지 않기를 태산과 같이 해야 하고

마음을 넓게 쓰기를 허공과 같이 해야 하며,

지혜로 불법을 생각하기를 해와 달같이 해야 하며

남이 나를 옳다고 하든 그르다고 하든

곧은 마음을 끊지 말라.

다른 사람이 잘하든 잘못하든

내 마음으로 예단해 참견하지 말고

좋은 일을 겪든지 좋지 않은 일을 당하든지

항상 마음을 편안히 하고 무심을 유지하라.

또한 바보같이 지내고 병신같이 지내고

벙어리같이, 소경같이, 귀머거리같이, 어린애같이 지내면

마음에 절로 망상이 사라지리라.

끝없이 부인하기는 제나에서 나오는 온갖 생각, 감정, 오감들을 가리지 않고 전부 계속해서 모른다고 부인하는 것이다. 여기서 모른다는 말은 안다와 대비되는 의미의 모름이 아니라 알고 모르고를 떠나 판단 자체의 중지를 뜻하는 모름을 말한다. 얼나는 우리의 마음으로 알 수 있는 것이 아니다. 얼나는 우리의 생각, 감정, 오감으로 도저히 알 수 없는 절대적이요, 초월적인 자리다. 눈이 눈을 볼 수 없는 것처럼 마음으로 마음을 보는 일은 불가능하다. 따라서 아무리 고상한 생각을 동원해도 얼나를 알 수는 없다. 문제는 생각, 감정, 오감을 일으키지 않으려고 하는데도 계속해서 이들이 일어난다는 데에 있다. 이럴 때 곧바로 모른다고 선언하고 일어나는 마음의 작용을 부인할 필요가 있다. 마음에서 무엇이 올라오든 '오직 모를 뿐!'이라고 선언하고 버팀으로써 제나가 설 자리를 빼앗는 것이다. 이렇게 지속하다 보면 점차 마음이 잦아들어 텅 비어 고요해지면서 얼나가 밝고 또렷한 의식으로 모습을 드러낼 수 있다.

◎ **전략 1**

마음에 떠오르는 생각들에 대해 '몰라!'를 선언하고 존재한다는 느낌 하나에만 머물러 있는다.

☑ 자기의 성도 이름도 모르는 상태로 오직 있다는 느낌에만 집중한다.

☑ 생각이나 심상이 떠오르는 즉시 '몰라!'를 외치며 아무것도 모르는 상태에 머문다.

☑ 생각을 하지 말아야 한다는 의지조차 내려놓고 아무것도 모르는 상태에 머문다.

☑ ……

◎ 전략 2

마음에 감정들이 떠오를 때 '몰라!'를 외친다. 간혹 부정적인 감정이 올라오면 '몰라!'와 더불어 '괜찮아!'를 외치며 오직 있다는 느낌에만 집중한다.

☑ 부정적 정서(불안, 공포, 두려움, 분노 등)가 올라올 때 즉시 '몰라, 괜찮아!'를 외치며 오직 있다는 느낌에 집중한다.

☑ 긍정적 정서(기쁨, 행복 등)가 올라올 때 즉시 '몰라, 괜찮아!'를 외치며 오직 있다는 느낌에 집중한다.

☑ ……

◎ 전략 3

오감이 일어날 때 '몰라, 괜찮아!'를 외치며 존재한다는 느낌에 머물러 있는다.

☑ 몸에 무엇이 느껴지는 즉시 '몰라, 괜찮아!'를 외치며 오직 있다는 느낌에 집중한다.

☑ 통증이 올라올 때 즉시 '몰라, 괜찮아!'를 외치며 오직 있다는 느낌에 집중한다.

☑ 무엇이 눈에 보일 때 시선을 따라가지 말고 즉시 '몰라, 괜찮아!'를 외치며 오직 있다는 느낌에 집중한다.

☑ 무엇이 귀에 들릴 때 소리를 따라가지 말고 즉시 '몰라, 괜찮아!'
를 외치며 오직 있다는 느낌에 집중한다.

☑ ......

❂ 원리 5: 빔(空)으로 맞대응하기

색즉시공

"수보리야, 너는 여래가 당연히 법을 설한 바 있다는 생각을 짓지 말
라. 만일 어떤 사람이 '여래가 법을 설한 바가 있다.'고 말한다면 이는 곧
여래를 비방하는 것이며, 내가 말한 바를 알지 못했기 때문이니라. 수
보리야, 법을 설한다고 하나 가히 법이라 하여 설할 것이 없는지라 굳이
말하여 법을 설한다고 말할 따름이니라."

출처: 금강경 21장.

앞에서 얼나의 실체는 공이라고 했다. 공은 빔 또는 없음으로서 사실상 실체라고 할 만한 것이 아니다. 그럼에도 굳이 공을 실체라고 말하는 이유는 빔 또는 없음이 진짜 없는 것이 아니라는 점을 부각시키고, 빔 또는 없음을 실제 생활에서 활용할 수 있는 삶의 도구로 쓰기 위함이다. 잡념이 일어나 머리가 복잡할 때 순간 빔의 자리로 이동하여 머리를 비울 수 있다면 바로 머리가 개운해질 수 있다. 자신이 설정한 기준 때문에 스스로 자유롭지 못할 때 즉시 빔의 자리로 이동하여 기준을 비워 버리면 자유는 저절로 다가온다. 이처럼 빔에 바탕을 둔 대응은 마음의 문제를 해결하고 모든 매인 것으로부터 마음을 풀어주는 현명한 해결책이다. 빔 또는 없음이 삶을 편안하고 자유롭게 영위할 수 있는 비결임을 알아챈 다석 유영모는 '빈탕한데 맞혀 놀이'라는 삶의 방식을 추천한 바 있다. 일상생활에서 벌어지는 다양한 사태들을 빔으로 맞대응하라는 것이다. 이렇게 함으로써 마음에서 '빔이 넓게 피어난다면' 그만큼 더 평안하고 행복하고 자유로운 삶을 누릴 수 있을 것이다.

◎ 전략 1

선지식을 빔과 짝짓기한다. 여기서 선지식은 미리 아는 지식을 포함할 뿐 아니라 선이해, 선입견, 선판단 등 어떤 사태에 대해 미리 가지고 있는 지적 태도를 모두 포함한다. 선지식은 사태 해결에 도움이 되기도 하지만, 거꾸로 일을 망치게 하는 경우도 많다. 특히 대인관계에서 선지식은 독으로 작용할 가능성이 높다. 따라서 사람들을 만날 때 상대방에 대해 검증되지 않은 선지식이 떠오를 때 곧바로 이를 빔과 짝짓기하여 제거한다.

☑ 대화하면서 떠오르는 선지식, 선입견과 빔 짝짓기

☑ 대인관계에서 작용하는 고정관념과 빔 짝짓기

☑ 상대방의 인품에 대한 선평가와 빔 짝짓기

☑ ……

◎ 전략 2

결과에 대한 기대를 빔과 짝짓기하여 없애 버린다. 결과에 대한 기대를 가지고 어떤 일을 행할 경우에 기대한 만큼 결과가 나오지 않으면 크게 실망하고 낙담하게 된다. 사실 결과는 결과에 대한 기대 여부와 상관없이 결정된다. 따라서 '기대'는 주관적인 심리 현상일 뿐 실익을 가져다주지 않는다. 그럼에도 기대 때문에 낙담해서 해야 할 일을 앞에 두고 머뭇거린다면 어리석다고 말할 수 있다. 이를 방지하기 위한 처방이 떠오르는 기대를 빔과 짝짓기하여 아예 기대를 하지 않는 것이다. 해야 할 일이라면 '오직 할 뿐!' 거기에 아무런 기대를 섞지 않는다는 말이다.

☑ 결과에 대한 기대와 빔 짝짓기

☑ 긍정적 예측과 빔 짝짓기

☑ 칭찬받기와 빔 짝짓기

☑ ……

◎ 전략 3

모든 기준들을 빔과 짝짓기하여 작동을 중지시킨다. 우리의 머릿속에는 살아오면서 습득한 온갖 기준들이 가득하다. 이 기준들은 개인의 삶을 보호하고 지원하는 역할을 수행해 왔다. 그런데 역설적이게도 열심히 작동하고 있는 기준으로 인해 삶이 고단해지고 부자유스러워지는 경우도 많다. '남의 말은 끝까지 들어야 한다'는 기준 때문에 사정이 급한데도 급히 자리를 뜨지 못한다면 이런 경우에 해당된다. 이런 기준들로부터 벗어날 수 있다면 삶은 훨씬 더 자유롭고 풍요로워질 것이다. 기준을 지키지 못할 때 일어날 수 있는 일들에 대한 두려움을 떨쳐버리고 마음에 기준이 올라올 때마다 빔과 짝짓기하여 이를 중지시키는 작업을 시작한다.

☑ 자신이 가진 당위적 생각들과 빔 짝짓기

☑ 자신이 느끼는 사회적 압박과 빔 짝짓기

☑ 자신의 주요 가치관과 빔 짝짓기

☑ ……

◎ 전략 4

빔과 짝짓기하여 부정적 감정의 영향으로부터 벗어난다. 일단 우리 안에 감정이 일어나면 이 감정은 우리의 의사와 상관없이 자기 경로를 따라 진행된다. 이렇게 일어난 감정에 대해 어떻게 해 볼 도리가 없는 것이 사실이라면 굳이 그 감정에 머물러 감정이 지나가는 전 과정을 고통스럽게 바라볼 이유가 없다. 이런 경우에는 감정에서 훌쩍 떠나버리면 된다. 빔의 자리로 감정 이사를 해 버리는 것이다. 일어나는 감정은 그대로 두되 마음을 감정과 아무런 상관이 없는 빔으로 옮겨 감으로써 감정에서 벗어나게 하는 전략이다.

☑ 불안과 빔 짝짓기

☑ 우울과 빔 짝짓기

☑ 두려움과 빔 짝짓기

☑ ······

딱 하는 소리에

향엄지한

딱 하는 소리에 알던 바를 잊으니

다시는 닦을 필요 없게 되었네

덩실 덩실 옛길을 넘나드니

초췌한 지경에 빠지지 않네

어디에도 자취를 드리우지 않고

형색과 소리를 벗어난 자태이니

세상의 도를 아는 이들은

모두가 상상의 기틀이라 하더라.

*향엄지한은 '부모가 낳기 전 그대의 본래 면목이 무엇이냐?'라는 선문답을 풀지 못해 답답해하며 유람을 하던 차 혜충국사의 탑을 참배하고 그곳에서 쉬게 되었다. 하루는 탑 주위의 잡초와 나무를 베다가 우연히 기왓장을 집어 던졌는데 그것이 대나무에 '딱' 하며 부딪치는 소리를 듣고 깨달음이 일어나 위의 시를 짓게 되었다.

의식이 깨어 있는 상태에서 우리는 일상적으로 많은 것을 알아차리며 산다. 생각, 감정, 오감이 일어나는 것을 알아차리고 그 알아차림에 근거해서 다음 행위를 이어 간다. 그러나 실제로 우리는 자신이 무엇인가를 알아차리고 있다는 사실을 까맣게 잊고 지낸다. 의식 상태임에도 불구하고 거의 무의식 상태에 있는 것처럼 일상이 자동적으로 진행되는 줄 착각하고 산다. 한마디로 우리는 정신 마취 상태로 살아간다. 마취 상태에서 깨어나 자기 삶의 주인으로 살아가려면 일단 자기에게 일어나는 일들을 자각할 필요가 있다. 무슨 생각이 떠오르는지, 어떤 감정이 일어나는지 의식에 투영된 대상을 정확하게 알아차리는 것이다. 그다음에는 한걸음 더 들어가 생각, 감정, 오감을 알아차리게 한 자를 알아차리는 단계로 나아간다. '대상 → 알아차림'으로 진행되던 지각을 '대상 → 알아차림 → 알아차리는 자'로 심화시킨다. 이렇게 하면 무심코 밖을 내다보던 시선이 안으로 방향을 바꾸면서 안에 있는 진짜 주인공 얼나를 맞닥뜨리게 된다. 한자 회광반조(回光反照)는 이를 뜻하는 말이다.

> ◎ **전략 1: 알아차리기**
>
> ☑ 자연 현상 알아차리기
>
> ☑ 생각, 감정, 오감 알아차리기
>
> ☑ 희·노·애·락 알아차리기
>
> ☑ 기준, 가치관 알아차리기
>
> ☑ ……

◎ 전략 2: 알아차리는 자 알아차리기

☑ 자연 현상을 인식케 하는 근원 알아차리기

\# 동산 스님의 바람에 부딪치는 댓잎 소리

\# 짹짹거리는 새소리

\# 물아일체에 빠지게 하는 풍경

\# 코끝을 자극하는 향기

\# ......

☑ 생각, 감정, 오감의 근원 알아차리기

☑ 희·노·애·락이 일어나는 근원 알아차리기

☑ 기준, 가치관의 근원 알아차리기

☑ ......

◎ 전략 3: 주인공 확인하기

☑ 부르는 이름에 대답케 하는 주인공 확인하기

☑ '아하!' 하고 통찰케 하는 주인공 확인하기

☑ 없음과 있음을 아우르는 주인공 확인하기

☑ ......

그대는 골방을 가지고 있는가?

함석헌

그대는 골방을 가졌는가?

이 세상의 소리가 들리지 않는

이 세상의 냄새가 들어오지 않는

은밀한 골방을 그대는 가졌는가?

그대는 님 맞으러 어디 갔던가?

네거리에던가?

님은 티끌을 싫어해

네거리로는 아니 오시네.

그대는 님 어디다 영접하려나?

화려한 응접실엔가?

님은 손 노릇을 좋아 않아

응접실에는 아니 오시네.

…(중략)…

님은 은밀한 곳에만 오시는 지극한 님,

사람 안 보는 그윽한 곳에서

귀에다 입을 대고 있는 말을 다 하시며
목을 끌어안고 입을 맞추자 하신다네.

그대는 님이 좋아하시는 골방 어디다 차리려나?
깊은 산엔가 거친 들엔가?
껌껌한 지붕 밑엔가?
또 그렇지 않으면 지하실엔가?

님이 좋아하시는 골방
깊은 산도 아니요 거친 들도 아니요,
지붕 밑도 지하실도 아니요,
오직 그대 맘 은밀한 속에 있네.

그대 맘의 네 문 밀밀히 닫고
세상 소리와 냄새 다 끊어버린 후
맑은 등잔 하나 가만히 밝혀만 놓으면
극진하신 님의 꿀같은 속삭임을 들을 수 있네.

누군가를 좋아하고 사랑하게 되면 마음은 온통 그 사람으로 가득하다. 바쁘게 일할 때도, 한가하게 쉴 때도, 힘이 들거나 즐거울 때도 그 사람이 늘 마음 한가운데를 차지하고 있다. 은은한 행복의 기운을 퍼뜨리며 어느새 상대방에게 깊이 몰입케 하는 것에 사랑만 한 것이 없다. 따라서 얼나를 진정 사랑하게 되면 항상 얼나에 머물게 되고, 그리하여 얼나로부터 비롯되는 생명과 창조와 성장의 힘을 마음껏 누릴 수 있다. 문제는 얼나에 대한 사랑이 저절로 생기는 것이 아니라는 점이다. 자기 안에 있는 얼나를 찾아 사랑을 나눌 수 있는 길을 더듬어 가야 한다.

◎전략 1: 홀로 있는 공간과 시간을 확보하기

얼나는 바깥 세상에 있는 것이 아니다. 얼나는 바깥이 아니라 자기 안에, 마음 안에 있다. 자기 안에 있는 것이기 때문에 얼나를 만나려면 자신과 대면하는 시간을 가져야 한다. 그러려면 홀로 있어야 한다. 다른 사람들과 분리된 곳, 세상일이 복잡하게 전개되지 않는 곳, 그런 공간에 홀로 있으면서 자신을 찬찬히 들여다보는 시간을 가진다.

☑ 홀로 있는 공간에 자주 머물며 홀로 있음에 익숙해지기

☑ 조용한 곳에서 기도하며 내면 들여다보기

☑ 홀로 하는 취미 활동에 참여하기

☑ ……

◎ 전략 2: 얼나가 초점이 되는 활동을 늘리기

얼나를 주제로 대화하고 생각할 수 있는 활동을 생활 주변 곳곳에 배치한다. 얼나를 주제로 대화할 수 있는 사람들을 만나고, 얼나와 관련된 서적과 자료를 읽으며, 얼나에 대한 체험이나 이론적 설명을 하는 강연회에 참여한다. 이렇게 얻은 정보들을 자신의 체험과 비교해 가며 얼나에 대한 개념적 인식을 점점 뚜렷하게 해 나간다.

☑ 사람들과 얼나와 관련된 대화를 즐긴다.

☑ 얼나에 대한 서적을 읽는다.

☑ 얼나 체험에 대한 자료를 수집한다.

☑ 얼나에 대한 강연을 듣는다.

☑ 얼나와 관련된 글을 쓴다.

☑ ······

◎ 전략 3: 얼나와 연애 걸기

얼나와 본격적인 연애에 돌입한다. 이제 얼나가 자기 존재의 근원일 뿐 아니라 삶을 살아가게 하는 원동력임을 확신하면서 얼나와 거침없는 사랑에 빠져들어 간다. 사실상 얼나는 이미 오래전부터 짝사랑을 시작했다. 얼나의 짝사랑을 눈치챈 마음은 이제부터 얼나를 주목하면서 조금씩 자기 속에 얼나의 자리를 넓혀 나간다. 다석 유영모가 말한 대로 자기 존재 안에서 빔을 넓게 피워 나간다.

☑ 얼나와 첫사랑에 빠진다.

\# 계산 없이 얼나만 생각한다.

\# 얼나에 헌신한다.

\# ……

☑ 얼나와 열정적인 사랑을 나눈다.

\# 강렬한 정서를 동원한다.

\# 얼나와 하나 되는 체험에 빠진다.

\# ……

☑ 얼나 사랑을 성숙한 동반자적 사랑으로 발전시킨다.

\# 둘의 하나 됨을 의심치 않는다.

\# 얼나의 바탕 위에서 자유롭게 행동한다.

\# ……

☑ ……

박상영의 금메달

"할 수 있다. 할 수 있다."

2016년 리우 올림픽 남자 에페 개인 결승전에서 헝가리의 게자 임레를 15-14로 제압하고 금메달을 거머쥔 박상영 선수가 외우던 주문이다. 박상영은 2세트를 9-13으로 리드당한 채 마지막 3세트를 앞둔 상태였다. 이때 TV 중계 화면에 "할 수 있다. 할 수 있다."라고 반복해 주문을 외우는 박상영의 모습이 클로즈업된다. 3세트가 시작되고 바야흐로 점수는 10-14. 임레가 점수 하나만 추가하면 경기는 끝난다. 절체절명의 위기에 선 박상영. 그러나 이 순간에도 포기하지 않고 "할 수 있다. 할 수 있다."를 되뇌며 한 점 한 점 따라 붙는다. 이렇게 다섯 포인트를 연속으로 따낸 박상영은 믿기 어려운 역전승으로 금메달의 주인이 되었다.

일상을 살아가다 보면 얼나는 흐릿해지고 마음은 어느새 온갖 생각과 잡념으로 가득 찬다. 이런 상황에서 즉시 얼나로 돌이키려고 할 때 요긴하게 활용될 수 있는 수단들이 있다. 얼나로 돌아가기 위한 일종의 비상수단이다. 비상수단이기 때문에 이 수단은 짧고 간략하면서도 강력한 효과를 가지고 있어야 한다. 불교의 염불, 기독교의 예수 이름 부르기, 카톨릭의 성호 긋기, 신의 뜻을 의미하는 이슬람교의 '인샤 알라' 등이 모두 이러한 예다. 이것들은 쉽고 간단하면서도 얼나로 돌이키는 강한 힘이 있다는 점에서 주목할 만한 가치가 있다.

◎ 전략 1: 주문 외우기

천도교 주문(시천주 조화정 영세불망 만세지 지기금지원위대강)

주기도문

사도신경

나무아미타불 관세음보살

개인이 선호하는 주문

……

◎ 전략 2: 몰아치기-소리치기(할)와 방(때리기)

정지! 꽥! 등 외마디 외침

예상을 뒤엎는 욕설이나 비방

기이한 행동

……

◎ 전략 3: 이름이나 별칭 부르기

\# 오! 주 예수!

\# 부처님!

\# 하나님!

\# 알라여!

\# 개인이 선호하는 이름

\# ……

V 얼나 따르기:
밝의 기능적 활용

얼나 따르기: 빔의 기능적 활용

생명과 창조의 근원이요, 성장과 치유의 힘을 쏟아 내는 얼나 상담의 두 번째 방향은 얼나의 작용과 기능에 초점을 둔다. 다시 말하면 얼나에서 일어나는 지혜와 통찰을 따라 마음을 쓰고 행동을 조율하는 방법이다. 얼나는 공, 즉 빔이요, 없음이라고 말했다. 그러나 이 빔과 없음은 그냥 아무것도 없는 빔, 없음이 아니라 그 안에 오묘한 작용과 기능을 담고 있는 빔이요, 없음이다. 빔 또는 없음에 담겨 있는 이 오묘한 작용과 기능을 실제 생활로 가져오는 일은 매우 중요하다. 얼나가 단순히 개념 차원이 아니라 현실 세계에서 구현될 수 있는 활용성을 가지고 있음을 보여 주기 때문이다. 빔과 참, 없음과 있음, 절대계와 상대계가 한데 어우러져 무엇인가를 생성하고 치유해 가는 과정을 밝힌다는 점은 주목할 만하다. 빔의 기능적 활용을 꾀하는 이 접근은 이전의 상담이 다룬 바 없는 초월적·혁명적 방법이라고 말할 수 있다.

흔히 얼나의 기능으로 언급되는 것에 양심이 있다. 양심은 사람이 하늘로부터 타고난 본성으로서 옳고 그름, 선과 악을 구별하는 도덕적 의식으로 알려져 있다. 그러니까 양심은 후천적으로 형성된 사회적 의식이 아니라 선천적으로 타고나는 윤리 의식이라고 간주된다. 양심의 선천성을 강조하는 것은 그 뿌리가 아직 바깥으로 드러나기 전의 인간 본성, 다시 말해 얼나에 있음을 부각시키는 것이다.

인·의·예·지, 즉 유교에서 말하는 사단 역시 인간이 하늘로부터 부여받은 본성으로서의 얼나가 현실 세계에 작용할 때 표현되는 방식으로 이해된다. 빔 또는 없음이 내용인 얼나에서 묘한 작용이 일어나는데, 그 작용이 현실 세계에 적용될 때 인·의·예·지로 드러난다는 것이다. 따라서 인·의·예·지를 따르는 행위는 단순히 도덕적 차원이 아니라 얼나의 요구를 현실계에서 구현함으로써 이상적 인간을 완성한다는 차원에서 이해해야 한다.

대승불교의 마음 수행법인 육바라밀도 그 바탕을 얼나에 두고 있다. 보시·지계·인욕·정진·선정·정정진으로 표현되는 육바라밀은 모두 얼나에 뿌리를 둘 때 의미를 갖는다. 양무제가 자랑하던 수많은 공덕이 아무것도 아니라고 단칼에 잘라버린 달마대사의 대응은 참 보시가 무엇인지 잘 나타낸다. 텅 빈 마음, 그러니까 얼나에서 일어나는 보시가 아니면 진짜 보시가 아니라는 것이다. 결국 육바라밀은 얼나(불교식으로 말하면 견성 또는 깨달음)를 향해 나아가는 방편이면서 동시에 세상 속에서 얼나의 명령을 실현하는 수단이요, 통로로서의 의미를 갖는다.

노자가 강조하는 행위법인 무위자연도 얼나를 전제하지 않으면 이해가 불가능한 개념이다. 무위는 아무것도 하지 않는다는 뜻이다. 하지만 노자는 위무위(爲無爲), 즉 무위를 한다고 함으로써 무위가 단순히 아무것도 하지 않는 것 이상임을 지적하고 있다. 이 모순은 우리 안에 얼나의 존재를 가정하면 쉽게 해결될 수 있다. 제나의 흐름을 따르지 않고 우리 안에 절대성으로 머물고 있는 얼나의 흐름을 따르는 행위를 무위라고 하면 위무위는 전혀 어색한 표현이 아니다. 그 행위가 상대적인 존재로서의 '나'가 아니라 절대적인 존재로서의 '나'로부터 비롯된 것이기 때문이다. 따라서 무위자연은 스스로 지니고 있는 원래의 본성을 거스르지 않고 있는 그대로를 따르는 행위를 일컫는 매우 자연스런 표현이다.

사랑, 희락, 화평, 참음, 자비, 양선, 충성, 온유, 절제 등 성경에서 말하는 성령의 열매 역시 마음을 비울 때 역사하는 얼나의 작용이다. 십자가와 부활로 압축되는 기독교의 핵심 교리는 "이제 내가 사는 것이 아니요, 내 안에 그리스도가 사는 것"이라는 바울의 고백에서 분명하게 드러난다. 사람 안에서 살아 움직이는 그리스도라는 표현 속에서 종교적인 색채를 빼버리면 사람 안에 얼나가 절대자로서 존재할 뿐 아니라 능동적으로 살아 움직인다는 해석이 가능하다. 이렇게 얼나의 움직임을 따른 결과가 성령의 열매로 나타나는 것이다.

이 장에서는 몇 가지 대표적인 사례를 중심으로 얼나의 작용을 설명하였다. 하지만 얼나의 존재를 인정하는 시각에서 바라보면 얼나의 작용이라고 일컬을 수 있는 사례는 수없이 많다. 특히 종교 경전이나 고전 속에는 얼나의 작용과 기능에 대한 언급이 넘쳐난다. 있음의 세계에서 일어나는 모든 일은 바로 얼나의 드러남일 뿐이라는 주장까지 존재한다. 그러나 여기서는 이들을 일일이 열거할 여유가 없다. 따라서 필자가 보기에 얼나의 기능과 작용을 제대로 드러낼 뿐 아니라 상담에서 다루면 좋을 듯한 몇 가지 중요한 원리와 전략을 소개하는 데서 그치려 한다.

단, 얼나의 기능이나 작용과 관련하여 혼동하지 않아야 할 점 하나를 다소 길게 제시하고자 한다. 어떤 행동의 결과를 기준으로 얼나와의 관련성을 판정하는 일은 매우 조심해야 한다. 이를테면 '의로운 행동'을 했다고 해서 이것이 얼나의 흐름을 따른 결과라고 단정 지을 수 없다. 의로운 행동은 얼나에 기반을 둘 수도 있고 아닐 수도 있다. 따라서 얼나와의 관련성은 결과적 행동이 아니라 행동의 출발점에서 찾아야 한다. 굳이 이런 지적을 하는 이유는 윤리·도덕적인 행동과 얼나에서 비롯된 행동을 혼동하지 않아야 한다는 점이 매우 중요하기 때문이다. 얼나에서 비롯된 행동은 고정된 것이 아니고, 상황과 장면에 따라 얼마든지 달라질 수 있다. 그리고 이 얼나의 흐름은 사회적·도덕적 맥락에 매여 있지 않다. 얼나에 따른 행동이 결과적으로 사회적 기준에 부합하고 도덕적일 수는 있어도 그것들에 의해 규정되지는 않는다. 얼나는 절대적인 것으로서 모든 가치나 기준을 초월해서 존재하는 것이기에 그렇다. 그러므로 얼나에 따르는 행동을 도덕적 덕목과 억지로 일치시킬 필요가 전혀 없다. 얼나를 따르는 행동이 인·의·예·지에 부합할 수는 있지만, 인·의·예·지에 알맞게 행동했다고 해서 그것이 얼나에서 흘러나온 행동임을 보장해 주지는 않는다. 따라서 인·의·예·지라는 도덕적 덕목을 훈련하여 얼나에 다가서려는 접근 역시 주의를 요한다. 도덕적 접근으로서의 타당성은 인정할 수 있지만 이는 근본적으로 얼나와 거리가 멀다. 또한 자칫 잘못하면 얼나로 가는 길을 막아 버릴 가능성도 배제할 수 없다. 얼나 상담은 얼나에 고요히 집중하는 일, 그리고 얼나에서 일어나는 흐름에 따라 움직이는 일에 충실할 따름이다. 이런 점에서 상담적 접근은 윤리적 · 도덕적 접근과 철저하게 구별된다. 얼나 상담은 처음부터 끝까지 내부에서 외부로, 그러니까 얼나에서 맘나와 몸나로 흐르는 흐름을 어기지 않는다. 얼나의 움직임이 매우 섬세하고 예민하다는 점을 고려해 보면 이 흐름을 유지하는 일은 정말로 중요하다고 판단된다.

✿ 원리 1: 양심의 소리 듣기

영등포교도소 보안계장, 안유의 경우

1987년 1월 14일 서울 남영동 치안본부 대공분실에서 서울대생 박종철 군(당시 21세. 언어학과 3학년)이 숨졌다. 경찰은 이튿날 "책상을 '탁' 하고 내려치자 '억' 하고 쓰러졌다."고 발표했다. 쇼크사로 위장하려던 경찰은 물고문 사실이 드러나자 다시 사건을 축소 · 조작 · 은폐했다. 정부는 국가안전기획부(현 국가정보원) · 법무부 · 내무부 · 검찰 · 청와대 비서실 등이 모여 관계기관 대책회의까지 열며 정권 차원의 조작 · 은폐를 시도했다. 그러나 얼마 지나지 않아 사실이 드러났고, 이는 6월 항쟁의 기폭제로 작용했다.

이 과정에서 박종철을 물고문한 경찰들의 대화를 듣고 고문경찰 세명의 이름을 적어 바깥 세상에 알림으로써 시민혁명의 방아쇠가 당겨지는 데 결정적 역할을 한 영등포교도소 보안계장 안유라는 사람이 있었다. 그는 스스로 "나는 의인이 아니다. 그때 대학생들은 나를 가리켜 '전두환의 사냥개'라고 했으며, 학생 수형자들은 내 얼굴에 밥을 뿌리기도 했다. 학생들에게 미안한 마음이 든다."고 고백할 정도로 교도관으로서 냉혹하게 자기 업무에 충실한 사람이었다. 그리고 그는 박종철 군 물고문과 관련하여 자기가 얻은 정보를 세상에 알리기로 결정한 마지막 순간까지 고민에 고민을 거듭하였다. "혹 역추적이 들어오면 간첩 누명이 씌워져 남영동에 끌려갈까봐 두려웠습니다. 솔직히 가족에게도 말 못한 채 수많은 밤을 뜬눈으로 지새웠죠. 내가 어떻게 되면 남은 우리 가족은 어떻게 먹고살아야 할까, 걱정했습니다." 이러던 그가 시대를 바꿔 놓은 의로운 행동에 참여하게 된 동인은 무엇일까? 그것은 거역할 수 없었던 양심의 소리!

● 빔으로 피어나는 영혼의 상담

얼나의 작용을 대표하는 것이 양심이다. 양심은 진실을 밝게 아는 양지(良知)와 아는 것을 능히 행할 수 있는 양능(良能)으로 구분된다. 얼나는 양지와 양능의 작용을 통해 현상계에 개입한다. 양심은 일종의 '소리'를 낸다. '양심의 소리'라는 말은 여기에서 비롯된 것이다. 얼나의 움직임이 마음에 감응되면 마음은 일정한 방향을 지향하는데, 이 방향과 부합하는 생각이나 행동을 하면 칭찬의 소리를, 이 방향과 어긋나는 생각이나 행동을 하게 되면 비난의 소리를 낸다. 묘한 것은 비난의 소리가 칭찬의 소리보다 훨씬 커서 더 잘 들린다는 점이다. 양심이 비난하는 소리를 외면할 때 사람들은 가벼운 부담감을 느끼기도 하고 심한 죄의식과 죄책감에 시달리기도 하는데, 그럼에도 이를 계속 외면하면 이 소리는 점차 작아지다가 아주 들리지 않게 된다. 얼나에서 나온 양심이 완전히 마비돼 버릴 수도 있다. 반대로 양심의 소리에 귀를 기울이고 그 소리에 따르기를 즐겨하면 양심의 소리는 점점 커져서 생각과 행동 전체를 점령한다. 이는 마음이 얼나로 물들어 가는 바람직한 과정이다.

◎ 전략 1: 양심의 소리에 거역하기

양심의 소리에 따르는 훈련을 하기 전에 먼저 양심이 진짜 존재하는지 확인해 볼 필요가 있다. 이를 위해 양심의 비난 소리가 크게 들릴 만한 억지 상황을 동원하여 실험을 해 본다.

☑ 상황에 어울리지 않는 행동하기

\# 주책 떨기

\# 사람들이 싫어할 만한 언행하기

☑ 과잉 비난하기

☑ 감정 과장하기

☑ 거짓으로 대하기

☑ ……

◎ 전략 2: 양심이 명하는 소리 듣기

양심은 no!라는 소리에 비해 작기는 하지만 yes!라는 소리를 내기도 한다. 그러나 이 소리는 처음에는 아주 미약해서 세심하게 주의를 기울이고 들어야 한다. 다음 단계를 따라 양심의 소리에 민감해지는 훈련을 실시한다.

☑ 조용한 곳에서 고요히 자신의 마음을 들여다본다.

☑ 현재 자신이 처한 상황에서 어떻게 처신하는 것이 좋을지 여러 대안을 하나씩 마음에 떠올린다.

☑ 각 대안에 대해 마음에서 일어나는 반응을 살핀다. no!라는 소리가 일어나는 대안 또는 무엇인가가 편치 않은 대안은 미련을 두지 않고 제거한다.

☑ 특별한 반응이 일어나지 않거나 편안한 느낌이 일어나는 대안이 있으면 그곳에 오래 머물며 주의를 기울인다.

☑ 무엇인가를 선택하고 결정해야 할 상황이 펼쳐질 때마다 앞의 네 단계를 반복 시행한다.

☑ ……

◎ 전략 3: 양심의 소리에 따라 행하기

양심의 소리는 실제 행동으로 이어질 때 더 강해지고 마음에 깊게 뿌리 내린다. 신중하게 살펴 편안한 느낌을 주는 좋은 대안을 찾았다 하더라도 이를 행동으로 옮기지 않으면 아무 소용이 없다. 양심은 실제 행함 속에서 자기 자리를 단단하게 잡아간다.

☑ 사랑하는 마음 표현하기

☑ 의로운 생각 실행하기

☑ 자기주도적으로 행동하기

☑ ……

☺ 원리 2: '한맛'으로 알고 행동하기

번뇌가 바로 보리일세

혜능

육조대사는
마하반야바라밀법을 설하면서
다음과 같이 말했다.
선지식들이여 번뇌가
곧 보리(깨달음)니
전념, 지나간 생각을 붙들고
어지러우면 곧 범부이지만

후념, 다가오는 생각에

깨달으면 곧 부처다.

어느 동네 광장에 독이 있는 나무가 한 그루 서 있었다. 마을 사람들은 그 독의 정체를 알았기 때문에 나무를 베어 내서 독의 근원을 없애자고 주장하였다. 그러나 동네 사람들이 존경하는 원로가 강하게 반대하고 나섰다. 나무도 하나의 생명이니까 함부로 베어 버리지 말고 사람들이 건드리지 못하게 울타리를 세워 경고문을 써 두자는 것이었다. 나무가 아름다운 모습으로 자라나면 마을의 명물이 될 것이라는 설명도 곁들이면서. 세월이 흘러 전국을 휩쓸며 많은 사람을 상하게 한 전염병이 이 마을에도 들이닥쳤다. 그때 우연히 이 나무의 열매가 전염병을 치료한다는 사실이 알려졌다. 나무의 독이 이제는 치료약으로 변신하게 된 것이다. 동네 사람들은 원로를 그전보다 더 존경하게 되었다.

얼나는 절대적인 것으로서 상대적인 모든 것들이 발붙일 자리가 없다. 이곳에서는 언어와 생각으로 구성된 인식뿐 아니라 진리와 깨달음조차 가상적 허구로서 존재 가치를 상실한다. 얼나가 작용할 때도 얼나의 초월성은 여전히 사라지지 않는다. 이를 맛에도 그대로 적용할 수 있다. 얼나의 맛, 얼나가 작용할 때 느끼는 맛은 모든 맛을 초월한 아무 맛도 없는 맛이다. 아무 맛도 없는 그 맛이 얼나에서 나오는 '한맛'이다. 그런데 이는 모든 맛을 초월해 있기 때문에 얼나의 이 '한맛'은 모든 맛과 함께할 수 있다. 결국 '한맛'은 아무 맛이 아니면서 모든 것과 함께할 수 있는 포용의 맛이다. 그러나 '한맛'의 맛은 맛이지만 사실은 아무 맛도 아니기 때문에 내용이 공허하다. 따라서 이를 실제 생활에 적용하기가 쉽지 않다. 다행이 '한맛'은 '뒷맛'을 가지고 있다. 얼나에서 비롯된 한맛은 아무 맛도 아니지만 은근한 뒷맛을 남겨 준다. 평안함, 자유로움, 자연스런 이타심이 그것이다(박성희, 2016). 따라서 이 뒷맛을 기준으로 한맛 또는 얼나의 작용 여부를 가늠할 수 있다. 마음이 동할 때 평안함과 자유로움이 느껴지고 자연스런 이타심이 뒤따른다면 이는 얼나의 작용이다. 반대로 뭔가 불안하며 매인 것 같고 타인에 대한 석연치 않은 감정이 섞여 있다면 이는 얼나의 작용과 아무런 상관이 없다.

◎ 전략 1: 자신이 체험한 갈등 상황을 한맛으로 대할 수 있는지 살피기

☑ 사랑과 미움

☑ 옳음과 그름

☑ 선과 악

☑ ……

◎전략 2: 자신에게 일어나는 여러 현상들에 대하여 평안함을 느끼는지 살피기

☑ 일어나는 생각에서

☑ 일어나는 감정에서

☑ 일어나는 행동에서

☑ ……

◎전략 3: 자신에게 일어나는 여러 현상들에 대하여 자유로움을 느끼는지 살피기

☑ 일어나는 생각에서

☑ 일어나는 감정에서

☑ 일어나는 행동에서

☑ ……

◎전략 4: 자연스런 이타심이 솟는지 살피기

☑ 재난을 당하고 있는 이방인에게

☑ 주변의 고통 받는 사람들에게

☑ 아는 사람의 아픔에

☑ 갈등관계에 있는 가족에게

☑ ……

✪ 원리 3: 무위로 행하기

왼손이 하는 것을 오른손이 모르게 하라.

그러므로 하늘에 계신 너희 아버지의 온전하심과 같이 너희도 온전하라. 사람에게 보이려고 그들 앞에서 너희 의를 행치 않도록 주의하라. 그렇지 아니하면 하늘에 계신 너희 아버지께 상을 얻지 못하느니라. 그러므로 구제할 때에 외식하는 자가 사람에게 영광을 얻으려고 회당과 거리에서 하는 것 같이 너희 앞에 나팔을 불지 말라. 진실로 너희에게 이르노니 너희는 자기상을 이미 받았느니라. 너는 구제할 때에 오른손이 하는 것을 왼손이 모르게 하여 네 구제함이 은밀하게 하라. 은밀한 중에 보시는 너희 아버지가 갚으시리라.

출처: 마태복음 6장.

여인숙

잘랄루딘 루미

인간이란 존재는 여인숙과 같다.
매일 아침 새로운 손님이 도착한다.

기쁨, 절망, 슬픔
그리고 약간의 순간적인 깨달음 등이
예기치 않은 방문객처럼 찾아온다.

그 모두를 환영하고 맞아들이라.

설령 그들이 슬픔의 군중이거나

그대의 집을 난폭하게 쓸어가 버리고

가구들을 몽땅 내가더라도.

그렇다 해도 각각의 손님들을 존중하라.

그들은 어떤 새로운 기쁨을 주기 위해

그대를 청소하는 것인지도 모르니까.

어두운 생각, 부끄러움, 후회

그들을 문에서 웃으며 맞으라.

그리고 그들을 집 안으로 초대하라.

누가 들어오든 감사하게 여기라.

모든 손님은 저 멀리에서 보낸

안내자들이니까.

무위는 아무것도 하지 않는다는 뜻이고, 위무위는 아무것도 하지 않는 것을 한다는 뜻이다. 이 진술은 언뜻 모순으로 들린다. 하지만 이 진술을 얼나에 적용하면 쉽게 풀린다. 얼나는 빔, 없음으로서 그 야말로 아무것도 하지 않는 것인데 동시에 묘한 작용을 통해 끊임없이 무언가를 한다. 따라서 얼나에 기반을 둔 위무위를 제대로 하려면, 매사를 얼나에 맡기고 얼나의 처분에 따라야 한다. 그러니까 무위로 행한다는 말은 순간순간 얼나로 돌이켜 얼나의 명을 따라 움직인다는 말과 같다. 이렇게 하려면 순간순간 무엇인가를 억지로 하려는 제나의 뜻과 움직임을 거부하고 부인해야 한다. 탐 · 진 · 치의 원리에 따라 움직이는 제나가 행위의 주인으로 행세하는 순간 무위행은 유위행으로 바뀌고 얼나는 얼굴을 숨겨버린다. 따라서 무위행의 관건은 제나를 어떻게 다루느냐에 달려 있다.

◎ 전략 1: 무취사법(無取捨法) 따르기

무취사법은 조작하거나 취사선택하지 않고 있는 것을 '있는 그대로' 받아들이는 태도를 말한다. 제나는 그동안의 경험을 바탕으로 늘 좋은 것, 아름다운 것, 고상한 것, 의미 있는 것 등을 취하려 하는 반면, 싫은 것, 추한 것, 보잘 것 없는 것, 의미 없는 것 등을 피하고 버리려 한다. 그러다 보니 마음은 이 둘이 싸우는 전쟁터로 전락한다. 그러나 알고 보면 이들은 모두 얼나에서 올라오는 에너지의 흐름일 뿐이다. 따라서 버리고 싶은 것들을 상대로 싸우는 대신 이들을 있는 그대로 인정하고 받아들이면 얼나 안에 있는 생명 에너지가 활성화되어 어느새 만족과 평화와 자유가 솟아난다. 이 전략은 특히 내면에서 일어나는 감정을 다루는 데 아주 효과적이다. 흔히 불안, 우울, 초조, 긴장, 무기력, 공허감 등과 같은 부정적 감정이 일어나면 이로부터 피하기 급급하다. 이들은 절대로 '나'에게 일어나서는 안 되는 '나쁜' 감정들이기 때문에 어떻게 해서든 피하거나 쫓아내야 한다는 생각이 앞선다. 그리하여 이들의 그림자가 비추기만 해도 도망하고 저항할 태세를 단단히 굳힌다. 그러나 이 같은 반응은 사태를 악화시킬 뿐 근본적인 해결책, 즉 이들 감정에 들어 있는 에너지를 맛보면서 이들로부터 진정하게 해방되는 자유를 누리지 못하게 한다. 반면에, 부정적인 감정이 일어날 때 있는 그대로 내버려 두면, 잠시 힘든 시간이 지난 후 자연스럽게 다른 기분과 감정으로 빠져들어 가게 된다. 해결하기 위해 아무런 노력을 기울이지 않았는데 부정적 감정이 저절로 해결된다. 부정적 감정에 대한 최상의 대응책이 바로 그 감정을 있는 그대로 내버려 두는 무위에서 솟아나는 것이다.

- ☑ 몸에 통증을 느낄 때 피하려 하지 말고, 통증에 초점을 두고 있는 그대로 지켜보기

- ☑ 부정적인 생각이 일어날 때 막으려 하지 말고 있는 그대로 지켜보기

- ☑ 불안, 우울, 분노, 짜증 등 부정적인 감정이 일어날 때 있는 그대로 두고 지켜보기

- ☑ 마음에 일어나는 모든 생각과 감정들을 손님처럼 맞아들이기

- ☑ 부정적 감정들이 지나가면서 남기는 에너지에 젖어들기

- ☑ ……

◎ 전략 2: 무지법(無知法) 따르기

무지는 어떤 사태나 대상을 현재 알고 있는 지식이나 개념으로 한정하지 않고 늘 열린 자세로 대하고, 지식을 의지할 때에도 그것에 갇히지 않는 지적 태도를 뜻한다. 지금까지 살아오면서 체득한 인생 경험, 전문가로서 쌓아온 지식조차 모두 내려놓고 항상 빈 마음으로 눈을 열고 귀를 열어야 한다. 익숙한 일체의 판단을 중지한 채 당면한 상황에 깊숙이 들어가라는 말이다. 이렇게 하면 서서히 당면한 사태와 대상에 대해 알아가게 되는데, 이 앎은 기왕에 소유했던 다른 지식들을 통해 걸러낸 것이 아니라 그들과 직접 접촉하며 얻게 된 새로운 지식으로서 얼나에서 비롯된 지혜가 담겨 있다. 무지법은 특히 바람직한 대인관계를 형성하는 데 필수적이다.

☑ 딱지 붙이는 일 삼가기

☑ 해석하는 일 삼가기

☑ 판단 중지하며 대화에 임하기

☑ ……

◎ 전략 3: 무사법(無私法) 따르기

무사는 사사로운 자기 뜻을 고집하지 않고 자연스러움을 따라가는 것이다. 사사로운 자기 뜻은 자기가 선호하는 방식 또는 자기 습관으로 해석할 수 있다. 누구나 살아오면서 익숙해진 자기 스타일이 있기 마련인데 이 모습은 어떻게든 사고와 행동방식에 반영된다. 그런데 자기가 선호하는 방식을 고집하고 억지를 부리게 되면 부작용이 생겨 오히려 전혀 원치 않던 엉뚱한 결과를 낳을 수도 있다. 따라서 자기의 습관이나 행동방식을 철저히 자각하고 이것이 튀어나올 때마다 즉시 얼나의 고요함으로 돌아간다. 이렇게 하다 보면 점차 자기 방식과 습관으로부터 벗어나 매사에 유연한 사고와 행동을 이어갈 수 있다.

- ☑ 습관적 언어사용법 확인하기
- ☑ 자동적인 대응 행동 살피기
- ☑ 반사적인 사고 살피기
- ☑ 사사롭게 설정한 행동 규칙 살피기
- ☑ ……

◎ 전략 4: 무욕법(無欲法) 따르기

무욕은 '하고자 함이 없음'이라는 뜻이지만 여기서는 뚜렷한 방향성과 목적성의 배제라는 뜻으로 해석한다. 무욕은 대인관계, 특히 상담관계에서 매우 중요하다. 상대방을 대하는 마음에 뚜렷한 방향과 목적이 전제되면 상대방을 있는 그대로 인정하고 존중하는 일이 어려워진다. 어떻게 해서든 상대방을 자기가 설정한 방향과 목적으로 끌어가려고 하기 때문이다. 그리하여 상대방을 도와야 한다는 의도가 결국 상대방에게 해를 끼치는 결과를 낳을 수도 있다. 개인의 진정한 성장은 자신으로부터 시작되어야 한다. 그 사람의 내면에 존재하는 얼나, 그리고 그 얼나로부터 받은 에너지가 성장의 동인이 되어야 한다. 따라서 자신은 물론 다른 사람에 대해서도 항상 얼나를 일깨우고 이의 작용을 활성화하는 방향으로 욕구를 끌어가야 한다. 마음에 어떤 욕구가 일어날 때 그냥 따라가지 말고 그것이 지향하는 방향과 목적을 알아챔과 동시에 이를 내려놓고 얼나를 향하라는 말이다. 이렇게 할 때 두 사람의 얼나에서 일어난 에너지가 자연스럽게 관계의 방향과 목적을 설정해 갈 것이다.

- ☑ 상대방을 향한 선한 의지 내려놓기

- ☑ 소위 '좋은 상담'에 대한 환상 버리기

- ☑ 방향 없이 대화하기

- ☑ 대화의 흐름을 알아차리며 따라가기

- ☑ 맑고 투명한 상태로 상대방의 말의 뿌리 듣기

- ☑ ……

◎ 전략 5: 무언법(無言法) 따르기

무언은 말을 하지 않는다는 뜻이지만 여기서 무언은 말의 한계를 직시하고 말 너머에 있는 실재를 접촉하라는 뜻으로 사용한다. 모든 대화와 상담은 언어를 매개로 이루어지는데, 바로 이 점 때문에 문제가 발생할 수 있다. 이를테면 '달'이라는 말은 실제 달이 아니라 달을 가리키고 표현하는 수단에 불과하다. 그럼에도 달이라는 말에 집착한다면 어리석은 일이다. 또 말은 그 말을 사용하는 사람의 마음 상태도 함께 표현한다. 따라서 사람의 말은 그것을 지칭하는 실제 대상과 그에 대해 말하는 이의 마음 상태를 함께 고려할 때 제대로 이해할 수 있다. 무언은 이 둘을 함께 듣는 방법으로서 얼나가 작용하는 방식이다. 모든 말이 나오고 모든 말을 듣는 근본 자리이면서도 아무 말이 없는 얼나야말로 모든 말 너머에 있는 실재다. 말은 침묵으로부터, 그리고 침묵의 충만함으로부터 나오기 때문이다(막스

피카르트).

☑ 제3의 귀로 듣기

☑ 침묵으로 소통하기

☑ 몸으로 대화하기

☑ 모든 대상의 이름을 떼고 실재로 접촉하기

☑ ……

✪ 원리 4: 마음을 내되 머무르지 않기(응무소주이생기심)

여인을 업어주는 스님

두 스님이 길을 가는 중에 어떤 시내를 건너게 되었는데 시냇가에 한 아리따운 여인이 있었습니다. 그 여인 역시 시내를 건널 참이었으나 물살이 세고 깊은데다 징검다리조차 없어서 망설이고 있던 중이었습니다. 한 스님은 여인을 못 본 체 하고 혼자서 시내를 건넜습니다. 다른 스님은 여인을 등에 업어서 시내 저쪽에 내려놓았습니다. 두 스님은 다시 발길을 재촉하여 길을 갔습니다. 여인을 업지 않았던 스님은 한참을 망설이다 화난 목소리로 말했습니다. "여보게, 수도하는 몸으로 여인의 몸에 손을 대다니 부끄럽지도 않은가?" 여인을 업었던 스님은 아무 대꾸도 하지 않은 채 그냥 걷기만 했습니다. 스님은 더욱 화가 나서 다시 큰소리로 나무랐습니다. "자네는 단지 그 여인을 도와주었을 뿐이라고 말하고 싶겠지. 하지만 여인을 가까이 하는 것은 계율을 어기는 짓이라는 걸 모르는 건 아니겠지?" 질책을 듣고 있던 스님이 껄껄 웃으며 대답했습니다. "스님, 나는 벌써 두어 시간 전에 그 여인을 시냇가에 내려놓고 왔다네. 그런데 자네는 아직도 업고 있군 그래."

출처: 박성희(2010). pp. 284-285.

인생살이는 결국 있음의 세계에서 무엇을 어떻게 하는가에 달려 있다. 만일 모든 것에서 물러나 마음을 고요히 가라앉히고 내면에서 흐르는 평화와 안식을 즐기는 것이 인생살이라면 사람은 길가에 있는 돌보다 못한 존재다. 있음의 세계에 들어온 이상 무엇인가를 열심히 하며 있음을 풍성히 누리는 삶이 최선이다. 그런데 있음을 풍성히 누리려면 없음을 잘 활용해야 한다. 마찬가지로 마음을 잘 쓰려면 마음을 비워두어야 한다. 손에 무엇인가를 쥐고 있으면 다른 것을 손에 쥘 수 없는 것처럼 마음에 무엇인가가 들어 있으면 다른 것이 더 들어올 여지가 없어진다. 순간순간 얼나로 돌이키고 얼나의 작용을 따르라는 이유도 여기에 있다. 계속 비우고 없앰으로써 새로운 것이 들어올 가능성을 최대화하는 것이다.

　사람은 세상을 살아가면서 수없이 많은 상황을 맞이하게 되고, 그때마다 마음은 출렁이며 반응한다. 그런데 새로운 상황이 펼쳐지는데도 마음이 이전의 상황에 머물러 머뭇거리고 있다면 문제가 심각해진다. 상황에 적합한 반응을 할 수도 없고, 현재를 제대로 누릴 수도 없다. 따라서 상황이 주어지면 최선을 다하여 마음을 모으고 집중하되 상황이 바뀌면 미련 없이 떨쳐 내고 새로운 상황으로 마음을 옮겨 가야 한다. 집착하지 말라, 방하착하라는 말은 모두 '마음을 내되 머무르지 말라'는 뜻이다.

◎ 전략 1: 그저 할 뿐!

오는 손님 막지 않고 가는 손님 붙잡지 않는 상점 주인의 태도처럼 일이 생기면 최선을 다하고 일이 끝나면 고요함으로 돌아간다. 마음을 쓰되 기대와 바람을 섞지 않는다.

☑ 사랑에 대하여

\# 부모사랑

\# 자식사랑

\# 연인사랑

\# ……

☑ 관계에 대하여

\# 만남

\# 이별

\# ……

☑ 세상사에 대하여

\# 돈 버는 일(경제 활동)

\# 사회 체제와 운영방식을 바꾸는 일(사회 활동)

\# 학습하는 일(교육 활동)

\# ……

☑ ……

◎ 전략 2: 나그네 마음으로 살아가기

현실에 발을 디디고 있지만 동시에 한 발짝 물러나서 자신에게 일어나는 일을 영화 보듯 구경한다. 구경하다가 지금 벌어지는 일에 정이 들기 시작하면 곧바로 마음을 비우고 얼나로 돌이킨다.

- ☑ 나그네 마음으로 일어나는 생각 바라보기

- ☑ 나그네 마음으로 일어나는 감정 바라보기

- ☑ 나그네 마음으로 자신이 맺고 있는 관계 바라보기

- ☑ ……

◎ 전략 3: 당면한 과제에 몰두하여 에너지를 다 쏟아 낸다. 일이 끝나면 미련을 두지 않고 다음 과제로 마음을 옮긴다.

- ☑ 당면 과제 중심으로 모든 일정 재편하기

- ☑ 당면 과제를 의식의 중심에 두고 생활하기

- ☑ 당면 과제와 관련된 생각들 드러내기

- ☑ 당면 과제와 관련하여 느끼는 감정 다 털어 내기

- ☑ ……

✿ 원리 5: 중용 지키기

『중용』 1장

　기쁨, 노여움, 슬픔, 즐거움이 아직 밖으로 드러나기 이전의 상태를 중이라 하고, 그것이 드러나 상황에 알맞게 들어맞는 것을 화라고 한다. 중은 천하의 근본이요, 화는 천하의 사람들이 가야 할 길이다. 중과 화를 잘 이루면 하늘과 땅이 바르게 자리를 잡을 수 있고, 그 사이에 있는 만물이 잘 자라게 된다.

중용은 '과하거나 부족함 없이 떳떳하며 한쪽으로 치우침이 없는 상태나 정도'를 뜻한다. 동양에서는 옛날부터 중용을 중요한 삶의 푯대로 삼아왔지만, 이쪽 또는 저쪽으로 치우치지 않고 진실의 한 가운데를 관통해 가며 사는 일은 그리 간단하지 않다. 『중용』에서는 중용을 잘 지키려면 희·노·애·락이 아직 발생하기 이전의 마음 상태를 잘 지키는 일(中)과 상황과 맥락에 알맞게 이를 적용하는 일 (和)을 잘할 수 있어야 한다고 강조한다. 이렇게 하여 위·아래, 전 후좌우로 두루두루 뚫려 막힘이 없어질 때 개인 내면에 평화가 깃 들 뿐 아니라 우주 만물이 편안하게 제자리를 잡고 정상적으로 운행 된다고 하였다. 굳이 『중용』을 들먹이지 않아도 자기 존재의 근원인 얼나에 집중하고 얼나의 움직임에 따라 세상살이를 경영해 나가는 일은 절대계인 하늘과 상대계인 땅의 한 가운데에 위치한 중간적 존 재로서 양쪽 세계를 아우르며 충실하게 살아가는 삶이다.

단, 중용은 막연한 '가운데'가 아니라 자신의 마음에서 일어나는 '감정'을 잘 살펴 알아차리고, 이를 바탕으로 주변의 사람 및 사물과 조화로운 관계를 맺음으로써 실현된다는 사실에 주목해야 한다. 그 러니까 중용은 기본적으로 마음에서 일어나는 감정에 대한 인식과 그 처리에 달려 있다. 마음에서 일어나는 감정을 정확하게 인식하 려면 무엇보다 마음을 비우고 얼나 상태에 머물러야 한다. 아울러 감정이 일어나는 상황과 맥락을 신중히 고려하며 얼나에 비추어 보 고 거기에 가장 적절하다고 여겨지는 행동을 선택하여야 한다. 빔 또는 없음인 얼나를 자원으로 삼아 희·노·애·락, 즉 기쁘고 노 엽고 슬프고 즐거운 감정을 경영하여 온 세상과 화평을 이루는 일이 바로 중용을 지키는 핵심이다. 다석 유영모가 언급한 '가온'을 찍으며 살아가는 삶은 이렇게 가능해진다.

◎ 전략 1: 감정이 일어날 때 그 감정에 휩쓸리지 말고 마음을 가라앉힌다.

☑ 기쁨

☑ 노여움

☑ 슬픔

☑ 즐거움

☑ ……

◎ 전략 2: 가라앉은 마음으로 일어나는 감정을 정확하게 알아차린다.

☑ 기쁨

☑ 노여움

☑ 슬픔

☑ 즐거움

☑ ……

◎ **전략 3: 알아차린 감정을 관련 당사자들에게 어떻게 표현하는 게 좋을지 맥락을 살핀다.**

☑ 기쁨

☑ 노여움

☑ 슬픔

☑ 즐거움

☑ ……

◎ **전략 4: 양심에서 yes!라고 하거나, 최소한 no!라고 하지 않는 반응을 택해서 표현한다.**

☑ 기쁨

☑ 노여움

☑ 슬픔

☑ 즐거움

☑ ……

몸은 하나인데 지체는 많고

몸은 하나인데 많은 지체가 있고 몸의 지체가 많으나 한 몸임과 같이 그리스도도 그러하니라. 우리가 유대인이나 헬라인이나 종이나 자유자나 다 한 성령으로 세례를 받아 한 몸이 되었고 또 다 한 성령을 마시게 하셨느니라. 몸은 한 지체뿐 아니요 여럿이니 만일 발이 이르되 나는 손이 아니니 몸에 붙지 아니하였다 할지라도 이로 인하여 몸에 붙지 아니한 것이 아니요 또 귀가 이르되 나는 눈이 아니니 몸에 붙지 아니하였다 할지라도 이로 인하여 몸에 붙지 아니한 것이 아니니 만일 온몸이 눈이면 듣는 곳은 어디며 온몸이 듣는 곳이면 냄새 맡는 곳은 어디뇨. 그러나 이제 하나님이 그 원하시는 대로 지체를 각각 몸에 두셨으니 만일 다 한 지체뿐이면 몸은 어디뇨. 이제 지체는 많으나 몸은 하나라. 눈이 손더러 내가 너를 쓸데없다 하거나 또한 머리가 발더러 내가 너를 쓸데없다 하거나 하지 못하리라. 이뿐 아니라 몸의 더 약하게 보이는 지체가 도리어 요긴하고 우리가 몸의 덜 귀히 여기는 그것들을 더욱 귀한 것들로 입혀 주며 우리의 아름답지 못한 지체는 더욱 아름다운 것을 얻고 우리의 아름다운 지체는 요구할 것이 없으니 오직 하나님이 몸을 고르게 하여 부족한 지체에게 존귀를 더하사 몸 가운데서 분쟁이 없고 오직 여러 지체가 서로 같이하여 돌아보게 하셨으니 만일 한 지체가 고통을 받으면 모든 지체도 함께 고통을 받고 한 지체가 영광을 얻으면 모든 지체도 함께 즐거워하나니 너희는 그리스도의 몸이요 지체의 각 부분이라.

출처: 고린도전서 12장.

인류의 스승들이 강조하는 대인관계의 철칙이 바로 황금률을 따르라는 것이다. 황금률은 "무엇이든지 남에게 대접을 받고 싶은 대로 남을 대접하라."는 대인관계의 원리로 성경에 언급되어 있는데, "내가 당하기 싫은 일을 남에게 시키지 말라."는 『논어』의 충서(忠恕), "자신의 처지로 미루어 남의 처지를 헤아리라."는 『대학』의 혈구지도(血矩之道) 역시 같은 의미를 지니고 있다. 황금률을 따르는 행동은 타인을 존중하고 배려함으로써 대인관계를 부드럽게 하고 상호성장의 계기를 만들어 준다는 점에서 더할 나위 없이 중요한 사회적 덕목이다. 그러나 황금률이 진정 가치를 갖는 이유는 '나와 너의 관계'에 대한 본질, 더 나아가서 '나'라는 존재의 본질에 대한 깊은 성찰을 담고 있기 때문이다.

현상계에서 나와 너 또는 나와 대상으로 분리된 모든 관계는 절대계에서 보면 본질상 하나다. 빔 또는 없음이라는 하나의 뿌리에서 비롯되어 수많은 있음의 가지로 나뉘었을 따름이다. 따라서 본질인 얼나에서 보면 수많은 너는 나의 다른 표현이요, 연장이요, 분신이다. 한마디로 나와 너는 다른 듯 같은 동체다. 그렇기 때문에 내가 너에게 하는 대접은 바로 내가 나에게 하는 대접과 마찬가지다. 같은 생명의 근원인 얼나 속에서 나와 너는 구분이 없다. 얼나의 흐름을 따를 때 너에 대한 자연스런 이타심이 일어나고 동체적 사랑이 흐르는 이유가 바로 여기에 있다. 그럼에도 우리는 눈이 멀어서 이런 진실을 제대로 보지 못하고 나와 너를 철저하게 구분하려고 한다. 현상계에서 일어나는 일이 전부라고 알기 때문에 혼란과 착각 속에서 서로가 아무 상관이 없는 듯 살아가는 게 우리의 현실이다.

인류의 스승들이 굳이 황금률을 동원하여 대인관계의 원리를 설파한 이유도 여기에 있다. 나와 너 사이의 차이를 인정하지 않는 황금률에 익숙하게 함으로써 분리된 것처럼 보이는 나와 너가 실은 얼나에서 하나임을 알아차리도록 도우려는 것이다. 황금률을 따르려고 할 때 자신이 진정 원하는 것이 무엇인지, 진정 당하기 싫어하는 것이 무엇인지, 진정 실현하려고 하는 것이 무엇인지 내면을 찬찬히 살피게 하는 부수적인 효과도 무시할 수 없다.

◎ 전략 1: 갈등관계 돌아보기

현재 갈등관계에 있는 사람을 떠올리며 그를 대하는 자신의 행동을 인식하게 함과 동시에 이를 황금률에 따라 평가한다. 황금률을 적용하면서 얼나의 작용을 체험하는 기회를 갖는다.

☑ 미워하는 사람, 껄끄러운 사람, 부담스러운 사람 등을 떠올린다.

☑ 그를 대하는 자신의 행동들을 나열한다.

☑ 황금률에 비추어 그를 대하는 자신의 행동들을 평가한다.

☑ 황금률에 맞추어 자신의 행동을 바꾼다.

☑ ……

◎ 전략 2: 동체적으로 이해하기

동체적 이해는 나와 너가 하나요, 한 몸이라는 인식에서 비롯된 이해의 방식이다. 대인관계의 이해방식에는 합리적 이해, 체험적 이해, 공감적 이해가 있는데, 이 세 가지 이해방식은 나와 너를 구분하는 이분법적 원리에 뿌리를 두고 있다. 그리하여 서로가 다르다는 출발점에서 같은 점을 찾아가는 형태로 이해가 전개된다. 동체적 이해는 방향이 거꾸로다. 둘이 하나라고 전제하기 때문에 서로가 같다는 점에서 출발해서 달라지게 된 경위를 찾아가는 형태로 이해가 전개된다. 엄밀히 말하면 이해가 아니라 막힘없는 소통이 목표라고 할 수 있다.

☑ 상대방과 대화를 나눌 때 이분법적 이해의 방식을 내려놓고 최대한 마음을 비운다.

☑ 몸과 마음을 충분히 이완시키고 상대방에게 초점을 맞춘다.

☑ 상대방의 말이 자신의 내면에 일으키는 움직임을 주목하며 기다린다.

☑ 상대방이 일으킨 마음의 움직임을 따라 상대방에게 말하고 행동한다.

☑ 말하고 행동한 결과를 평가한다.

☑ ……

◎ 전략 3: 동체적으로 만나기

동체적 만남은 같은 몸, 같은 생명체에 흐르는 흐름에 참여하여 하나를 누리는 만남이다. 나와 너를 큰 하나에 속하는 동체적 존재라고 간주할 때 둘은 하나의 다른 표현에 불과하다. 따라서 동체적 만남의 기초는 나를 대하듯 너를 대하는 데 있다. 상대방인 너의 행동을 너의 행동이면서 동시에 나의 행동으로 받아들이는 것이다. 이는 두 가지 방식으로 이루어질 수 있다. 상대방의 생각, 감정, 행동에 내가 참여해 들어가는 방식과 상대방을 대하는 나의 생각, 감정, 행동을 상대방 상태의 투영으로 받아들이는 방식이다. 화를 내는 상대방에게 같이 참여하여 화에 대한 느낌을 이어가는 방식이 전자라면, 나에게 화가 났을 때 이를 상대방의 화난 마음이 나에게 투영된 것으로 받아들이는 방식이 후자에 속한다. 다만, 동체적 만남을 할 때에도 자신의 내면에 흐르는 얼나의 흐름을 놓치지 않아야 한다.

☑ 상대방에게 참여해 들어가는 만남이다. 여기서는 상대방의 생각, 감정, 행동이 마치 나를 대리해서 일어나는 것처럼 여기고 그와 동일시한다.

\# 엉뚱한 생각

\# 부정적인 감정(짜증, 분노, 혐오, 불안, 우울 등)

\# 받아들이기 어려운 행동(욕, 어투, 거짓말, 거친 행동 등)

\# ……

☑ 자신의 상태를 상대방 상태의 투영으로 받아들이는 만남이다. 여기서는 자신에게 일어난 생각, 감정, 행동을 사실은 상대방이 나에게 느끼는 바이거나 아니면 상대방을 메신저로 삼아 내가 지금 그러고 있다는 메시지를 전달하는 것이라고 받아들인다. 예를 들어, 상대방과 마주 앉은 나에게 답답한 느낌이 들었다면, 이는 상대방이 답답한 상태에 있거나 아니면 내가 답답하다는 느낌을 상대방이 느낀다고 여기고 받아들이는 식이다.

\# 상대방에 대해 머리를 스치는 생각

\# 상대방에 대해 일어나는 감정

\# 상대방을 대하는 행동

\# ……

☑ ……

✪ 원리 7: 점성(點性)으로 살아가기

카르페 디엠!

퀸투스 호라티우스 플라쿠스

이 세상이 끝나는 날 신이 우리를 위해

무엇을 준비해 두었는지 묻지 마라.

바빌로니아 점술가들에게

마지막이 언제인지 묻지 마라.

어떠한 일이 닥치더라도 받아들여라.

주피터가 우리에게 또 한 번 시련의 겨울을 선사하든 말든,

혹은 투스칸 절벽이 무너지고

그 순간이 마지막 순간이 되더라도!

그대가 현명하다면 포도주는

바로 오늘 체에 걸러라.

짧기만 한 인생에서 먼 희망은 접어 버려라.

우리가 이렇게 말하고 있는 동안에도

시간은 우리를 시샘하며 흘러가 버리니,

내일은 믿지 마라.

카르페 디엠! 오늘을 즐겨라!

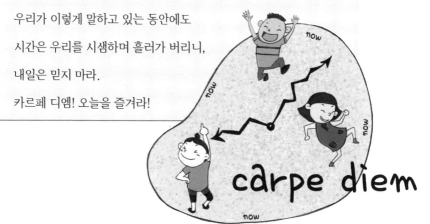

점은 선, 면, 입체로 이어지는 가장 기초적인 단위로서 위치만 있을 뿐 부피나 크기가 없다. 그리하여 있다고 하기도 어렵고 없다고 하기도 어려운 잠정적이며 중간적인 존재다. 점성으로 살아간다는 말은 점처럼 순간과 사이를 이어가는 중간적인 존재로 살아간다는 뜻이다. 시간의 영원성과 공간의 무한성에 비추어 보면 사람의 인생은 점이라고 하기에도 짧고 작다. 영원 무한한 없음으로부터 와서 다시 없음으로 돌아가는 것이 사람의 삶이다. 그럼에도 '지금 여기'를 살아가는 것 역시 분명하다. 다행인 것은 사람 안에 절대계인 없음이 머물고 있다는 사실이다. 얼나로 표현되는 이 없음은 우리 존재의 근원이면서 동시에 우리의 삶에 관여한다. 문제는 얼나에 대한 자각이 없을 때다. 얼나의 존재를 인식하고 그에 접속하지 못하는 한 얼나는 '지금 여기'에서 마치 없는 것처럼 마비된 채 아무런 역할을 하지 못한다. 얼나에서 보면 '지금 여기'는 일종의 점이다. 따라서 얼나를 따르는 삶은 당연히 '지금 여기'를 점처럼 여기며 살아갈 것이다. '지금 여기'에 뿌리를 내리기보다 '지금 여기'를 영원과 무한으로 이어가는 통로로 여기며 살아갈 것이라는 말이다. '지금 여기' 있음의 세계에서 없음과 조화를 이루며 풍성하게 자기를 실현하는 삶이 중간적인 존재가 누릴 수 있는 최고의 삶으로 꼽힐 것이다.

◎ 전략 1: '지금 여기'에 충실하기

사람이 누리는 유일한 시간과 공간은 '지금 여기'뿐이다. 과거는 이미 지나갔고, 미래는 아직 오지 않았다. '지금 여기'가 사람이 누릴 수 있는 유일한 시간이요, 공간이다. '지금 여기'를 누리는 가장 확실한 방법은 '지금 체험하는 느낌과 오감'을 알아차리며 그 흐름을 섬세하게 따라가는 것이다. 이 방법이 주어진 순간에 가장 충실하면서도 가장 자기답게 사는 길이다.

☑ 체험하는 감정과 오감을 억압이나 왜곡하지 않고 있는 그대로 느끼기

☑ 의도를 개입시키지 말고 감정과 오감의 자연스런 흐름 허용하기

☑ 축소하거나 과장하지 않고 감정과 오감에 담겨 있는 에너지 수준에 알맞게 표현하기

☑ ⋯⋯

◎ 전략 2: 가볍게 살기

얼나에 집중하고 얼나의 흐름에 따라 사는 최종 목적은 마음을 얼나로 채우기 위함이다. 마음을 비우는 것 자체가 목적이 아니라 비움으로써 풍성하게 채우려는 것이 얼나를 따르는 목적이라는 것이다. 그렇다면 얼나로 마음을 채울 때 어떤 현상이 벌어질까? 마치 무게가 없는 점처럼 마음이 무척 가벼워진다. 채운 내용 자체가 빔이요 없음이기 때문에 무거울 수가 없다.

마음이 무거워진다는 것은 얼나를 벗어나 있다는 하나의 징표다. 따라서 마음이 무거워지면 이를 신호로 받아들여 즉시 얼나로 돌이키면서 무

거운 마음을 얼나에 떠넘긴다. 무엇이든 마음에 짐이 되고 부담이 되는 것은 재빨리 얼나로 떠넘겨 버린다. 전능한 얼나의 처리 능력을 믿고 무조건 떠넘겨 버리는 것이다. 이렇게 하면 짐을 내려놓은 마음이 가볍고 경쾌해져서 콧노래와 춤이 절로 나온다. 생각이 복잡해져 머리가 아프면 고민하지 말고 즉각 그 생각을 얼나로 떠넘겨 버리고, 미운 감정이 솟으면 재빨리 그 감정을 얼나로 떠넘겨 버리는 식이다. "수고하고 무거운 짐 진 자들아 다 내게로 오라. 내가 너희를 쉬게 하리라."는 예수의 말처럼 무거운 짐을 얼나에게 다 넘기는 것이 마음을 점처럼 가볍게 유지하는 비결이다.

☑ 고민거리 떠넘기기

☑ 책임감, 의무감, 찝찝함, 걱정, 염려, 짜증 등 소소한 부정적 감정 떠넘기기

☑ 불안, 우울, 분노, 공포 등 무거운 부정적 감정 떠넘기기

☑ 콧노래로 하루 시작하기

☑ ……

◎ 전략 3: 자유롭게 누리기

점은 위치만 갖고 있는데 이 위치조차 순간순간마다 변하고 달라진다. 그리하여 매인 데가 없이 자유롭다. 점이 그런 것처럼 인생 역시 원래는 매인 데가 없다. 누릴 것이라곤 금방 사라져 버리는 '지금 여기'뿐인 존재가 굳이 달라붙어 무엇인가를 얻고 쌓는 일에 수고를 쏟을 필요가 없다. 빈손으로 왔다가 빈손으로 가는 길에 권력, 명예, 부, 지위 따위에 집착하

기에는 인생이 너무 짧고 아깝다. '지금 여기'를 열심히 누리다 보면 이런 것들은 저절로 따라오는 것이지, 그것이 사는 목표요 삶의 멍에가 된다면 비극이다. 그러므로 그런 것들로부터 자유로워져서 '지금 여기'에서 하고 싶은 것을 마음껏 누려야 한다. 생각하기만 해도 즐겁고 행복한 삶의 주제를, 마음을 가볍고 경쾌하게 하는 활동을, 가슴을 뛰게 하는 일거리를 '지금 여기'에 담으면 된다. 이것이 모든 것으로부터 자유로워져서 주어진 삶을 최대로 누리는 비결이며, 얼나가 우리에게 주려고 하는 풍요로운 삶이다.

☑ 자기 삶의 멍에 찾아보기

☑ 자기만의 행복한 삶의 주제 찾기

☑ 가슴을 뛰게 하는 일거리 찾기

☑ 지금 자기 삶이 무엇을 위한 준비를 하고 있는지 살펴보기

☑ ……

참고문헌

김성철(2006). 중관사상. 서울: 민족사.

김제란(2007). 원효의 대승기신론소·별기: 한마음, 두 개의 문. 서울: 삼성출판사.

박성희(1999). 상담실 밖 상담이야기. 서울: 학지사.

박성희(2010). 생각처방전. 서울: 이너북스.

박성희(2015). 나의 지금에게 길을 묻다. 서울: 학지사.

박성희(2016). 원효의 한마음과 무애상담. 서울: 학지사.

박성희, 이동렬(2001). 상담의 실제: 상담과 상담학 시리즈 2. 서울: 학지사.

박영호 역(2001). 다석 유영모 명상록: 진리와 참나. 서울: 두레.

윤홍식. 유튜브 고전콘서트.

이홍우(1996). 경허선사-공성의 피안길-. 서울: 민족사.

지안스님(2004). 월간반야 2월 29호.

한국과학기술정보연구원(KISTI)(2005). 나비효과- 그 날갯짓 속의 카오스. (과
학의 숲에서 만나는) KISTI의 과학향기, 217, 130-134.

저자 소개

박성희(Park, Sunghee)

　서울대학교 교육학과에서 학사, 석사, 박사 학위를 취득하였다. 한국행동과학연구소 상담실 책임연구원, 미국 위스콘신 대학교 상담학과와 캐나다 브리티시콜롬비아 대학교 상담학과에서 객원교수를 지냈으며, 현재 청주교육대학교 교수로 재직 중이다.

　저서 중 『상담과 상담학 시리즈』 세 권은 대한민국학술원의 우수학술도서로, 『공감』과 『행복한 삶을 위한 생각처방전』은 문화체육관광부의 세종도서로 선정된 바 있다. 제자들과 더불어 2007년도부터 출판하기 시작한 『동양상담학 시리즈』는 현재 18권에 이르고 있다.

　지금까지 저자는 동양상담과 한국상담의 원형을 찾아 현대화하는 작업과 상담지식을 대중화하는 작업에 힘을 모아 왔다. 이 책은 그 작업이 맺은 가장 최근의 결실이라고 할 수 있다. 삶의 평안함과 자유로움 그리고 행복을 누리며 살고 싶은 모든 이에게 우리가 발굴한 상담 지식이 도움이 될 수 있기를 기원한다.

빔으로 피어나는 영혼의 상담

Emptiness in Counseling

2019년 1월 10일 1판 1쇄 인쇄
2019년 1월 15일 1판 1쇄 발행

지은이 • 박성희
펴낸이 • 김진환
펴낸곳 • (주) **학지사**

　　　　04031 서울특별시 마포구 양화로 15길 20 마인드월드빌딩
대표전화 • 02)330-5114　　　팩스 • 02)324-2345
등록번호 • 제313-2006-000265호

홈페이지 • http://www.hakjisa.co.kr
페이스북 • https://www.facebook.com/hakjisabook

ISBN 978-89-997-1714-7 03180

정가 15,000원

이 도서의 국립중앙도서관 출판시도서목록(CIP)은 서지정보유통지
원시스템 홈페이지(http://seoji.nl.go.kr)와 국가자료공동목록시스템
(http://www.nl.go.kr/kolisnet)에서 이용하실 수 있습니다.
(CIP 제어번호: CIP2018036993)

교육문화출판미디어그룹 **학지사**

심리검사연구소 **인싸이트** www.inpsyt.co.kr
원격교육연수원 **카운피아** www.counpia.com
학술논문서비스 **뉴논문** www.newnonmun.com
간호보건의학출판 **학지사메디컬** www.hakjisamd.co.kr